BEI GRIN MACHT SICH IHR WISSEN BEZAHLT

- Wir veröffentlichen Ihre Hausarbeit,
  Bachelor- und Masterarbeit

- Ihr eigenes eBook und Buch -
  weltweit in allen wichtigen Shops

- Verdienen Sie an jedem Verkauf

Jetzt bei www.GRIN.com hochladen
und kostenlos publizieren

E. T. A. Hoffmann

Ignaz Denner

GRIN Verlag

Bibliografische Information der Deutschen Nationalbibliothek:

Die Deutsche Bibliothek verzeichnet diese Publikation in der Deutschen National-
bibliografie; detaillierte bibliografische Daten sind im Internet über http://dnb.d-
nb.de/ abrufbar.

Impressum:

Copyright © 2008 GRIN Verlag GmbH
Druck und Bindung: Books on Demand GmbH, Norderstedt Germany
ISBN: 978-3-640-23879-8

Dieses Buch bei GRIN:

http://www.grin.com/de/e-book/120178/ignaz-denner

GRIN - Your knowledge has value

Der GRIN Verlag publiziert seit 1998 wissenschaftliche Arbeiten von Studenten, Hochschullehrern und anderen Akademikern als eBook und gedrucktes Buch. Die Verlagswebsite www.grin.com ist die ideale Plattform zur Veröffentlichung von Hausarbeiten, Abschlussarbeiten, wissenschaftlichen Aufsätzen, Dissertationen und Fachbüchern.

Besuchen Sie uns im Internet:

http://www.grin.com/

http://www.facebook.com/grincom

http://www.twitter.com/grin_com

E. T. A. Hoffmann

Ignaz Denner

[aus „Nachtstücke", erstmalig erschienen 1817]

Vor alter, längst verfloßner Zeit lebte in einem wilden einsamen Forst des fuldaischen Gebiets ein wackrer Jägersmann, Andres mit Namen. Er war sonst Leibjäger des Herrn Grafen Aloys von Vach gewesen, den er auf weiten Reisen durch das schöne Welschland begleitet und einmal, als sie auf den unsichern Wegen in dem Königreich Neapel von Straßenräubern angefallen wurden, durch seine Klugheit und Tapferkeit aus großer Lebensgefahr gerettet hatte. In dem Wirtshause zu Neapel, wo sie eingekehrt waren, befand sich ein armes, bildschönes Mädchen, die von dem Hauswirt, der sie als eine Waise aufgenommen, gar hart behandelt und zu den niedrigsten Arbeiten in Hof und Küche gebraucht wurde. Andres suchte sie, so gut er sich ihr verständlich machen konnte, mit trostreichen Worten aufzurichten, und das Mädchen faßte solche Liebe zu ihm, daß sie sich nicht mehr von ihm trennen, sondern mitziehen wollte nach dem kalten Deutschland. Der Graf von Vach, gerührt von Andres' Bitten und Giorginas Tränen, erlaubte, daß sie sich zu dem geliebten Andres auf den Kutschbock setzen und so die beschwerliche Reise machen durfte. Schon ehe sie über die Grenzen von Italien hinausgekommen, ließ sich Andres mit seiner Giorgina trauen, und als sie dann nun endlich zurückgekehrt waren auf die Güter des Grafen von Vach, glaubte dieser den treuen Diener recht zu belohnen, da er ihn zu seinem Revierjäger ernannte. Mit seiner Giorgina und einem alten Knecht zog er in den einsamen rauhen Wald, den er schützen sollte wider die Freijäger und Holzdiebe. Statt des gehofften Wohlstandes, den ihm der Graf von Vach verheißen, führte er aber ein beschwerliches, mühseliges, dürftiges Leben und geriet bald in Kummer und Elend. Der kleine Lohn an barem Gelde, den er von dem Grafen erhielt, reichte kaum hin, sich und seine Giorgina zu kleiden; die geringen Gefälle, die ihm bei Holzverkäufen zukamen, waren selten und ungewiß, und den Garten, auf dessen Bebauung und Benutzung er angewiesen, verwüsteten oft die Wölfe und die wilden Schweine, er mochte mit seinem Knecht auf der Hut sein, wie er wollte, so daß bisweilen in einer Nacht die letzte Hoffnung des Lebensunterhalts vereitelt ward.

Dabei war sein Leben stets bedroht von den Holzdieben und Freischützen. Jeder Lockung widerstand er als ein wackrer frommer Mann, der lieber darben als ungerechtes Gut an sich bringen wollte, und verwaltete sein Amt getreulich und tapfer; deshalb stellten sie ihm nach auf gefährliche Weise, und nur seine treuen Doggen schützten ihn vor nächtlichem Überfall des Raubgesindels. Giorgina, des Klimas und der Lebensweise in dem wilden Forst ganz ungewohnt, welkte zusehends hin. Ihre bräunliche Gesichtsfarbe verwandelte sich in fahles Gelb, ihre lebhaften blitzenden Augen wurden düster, und ihr voller, üppiger Wuchs magerte mit jedem Tage mehr ab. Oft erwachte sie in mondheller Nacht. Schüsse krachten in der Ferne durch den Wald, die Doggen heulten; leise erhob sich der Mann vom Lager und schlich, mit dem Knecht murmelnd, hinaus in den Forst. Dann betete sie inbrünstig zu Gott und zu den Heiligen, daß sie und ihr treuer Mann errettet werden möchten aus dieser schrecklichen Einöde und aus der steten Todesgefahr. Die Geburt eines Knaben warf Giorgina endlich auf das Krankenlager, und immer schwächer und schwächer werdend, sah sie ihr Ende vor Augen. Dumpf in sich hinbrütend, schlich der unglückliche Andres umher; alles Glück war mit der Krankheit seines Weibes von ihm gewichen. Wie neckendes, gespenstisches Wesen guckte das Wild aus den Büschen; sowie er sein Gewehr abdrückte, war es verstoben in der Luft. Er konnte kein Tier mehr treffen, und nur sein Knecht, ein geübter Schütze, beschaffte das Wild, welches er dem Grafen von Vach zu liefern gehalten war. Einst saß er an Giorginas Bette, den starren Blick auf das geliebte Weib gerichtet, die, ermattet zum Tode, kaum mehr atmete. In dumpfem, lautlosem Schmerz hatte er ihre Hand gefaßt und hörte nicht das Ächzen des Knaben, der nahrungslos verschmachten wollte. Der Knecht ging schon am frühen Morgen nach Fulda, um für das letzte Ersparnis einige Erquickung für die Kranke herbeizuschaffen. Kein menschliches tröstendes Wesen war weit und breit zu finden, nur der Sturm heulte in schneidenden Tönen des entsetzlichen Jammers durch die schwarzen Tannen, und die Doggen winselten, wie in trostloser Klage, um den unglücklichen

3

Herrn. Da hörte Andres auf einmal es vor dem Hause daherschreiten wie menschliche Fußtritte. Er glaubte, es wäre der zurückkehrende Knecht, unerachtet er ihn nicht so früh erwarten konnte, aber die Hunde sprangen heraus und bellten heftig. Es mußte ein Fremder sein. Andres ging selbst vor die Tür: da trat ihm ein langer, hagerer Mann entgegen, in grauem Mantel, die Reisemütze tief ins Gesicht gedrückt. „Ei", sagte der Fremde: „wie bin ich doch hier im Walde so irregegangen! Der Sturm tobt von den Bergen herab, wir bekommen ein schrecklich Wetter. Möchtet Ihr nicht erlauben, lieber Herr! daß ich in Euer Haus eintreten und mich von dem beschwerlichen Wege erholen und erquicken dürfte zur weitern Reise?" – „Ach, Herr", erwiderte der betrübte Andres, „Ihr kommt in ein Haus der Not und des Elends, und außer dem Stuhl, auf dem Ihr ausruhen könnt, vermag ich kaum Euch irgendeine Erquickung anzubieten; meinem armen kranken Weibe mangelt es selbst daran, und mein Knecht, den ich nach Fulda geschickt, wird erst am späten Abend etwas zur Labung herbeibringen." Unter diesen Worten waren sie in die Stube getreten. Der Fremde legte seine Reisemütze und seinen Mantel ab, unter dem er ein Felleisen und ein Kistchen trug. Er zog auch ein Stilett und ein paar Terzerole hervor, die er auf den Tisch legte. Andres war an Giorginas Bett getreten, sie lag in bewußtlosem Zustande. Der Fremde trat ebenfalls hinzu, schaute die Kranke lange mit scharfen, bedächtigen Blicken an und ergriff ihre Hand, den Puls sorglich erforschend. Als nun Andres voll Verzweiflung ausrief: „Ach Gott, nun stirbt sie wohl!" da sagte der Fremde: „Mitnichten, lieber Freund! seid ganz ruhig. Euerm Weibe fehlt nichts als kräftige, gute Nahrung, und vorderhand wird ihr ein Mittel, das zugleich reizt und stärkt, die besten Dienste tun. Ich bin zwar kein Arzt, sondern vielmehr ein Kaufmann, allein doch in der Arzneiwissenschaft nicht unerfahren und besitze aus uralter Zeit her manches Arkanum, welches ich mit mir führe und auch wohl verkaufe." Damit öffnete der Fremde sein Kistchen, holte eine Phiole heraus, tröpfelte von dem ganz dunkelroten Liquor etwas auf Zucker und gab es der Kranken. Dann holte er aus dem Felleisen eine kleine geschliffene Flasche köstlichen Rheinweins und flößte der Kranken ein paar Löffel voll ein. Den Knaben befahl er nur dicht an der Mutter Brust gelehnt, ins Bette zu legen und beide der Ruhe zu überlassen. Dem Andres war es zumute, als sei ein Heiliger herabgestiegen in die Einöde, ihm Trost und Hülfe zu bringen. Anfangs hatte ihn der stechende, falsche Blick des Fremden abgeschreckt, jetzt wurde er durch die sorgliche Teilnahme, durch die augenscheinliche Hülfe, die er der armen Giorgina leistete, zu ihm hingezogen. Er erzählte dem Fremden unverhohlen, wie er eben durch die Gnade, die ihm sein Herr, der Graf von Vach, angedeihen lassen wollen, in Not und Elend geraten sei und wie er wohl Zeit seines Lebens nicht aus drückender Armut und Dürftigkeit kommen werde. Der Fremde tröstete ihn dagegen und meinte, wie oft ein unverhofftes Glück dem Hoffnungslosesten alle Güter des Lebens bringe und daß man wohl etwas wagen müsse, das Glück selbst sich dienstbar zu machen. „Ach, lieber Herr!" erwiderte Andres, „ich vertraue Gott und der Fürsprache der Heiligen, zu denen wir, ich und mein treues Weib, jeden Tag mit Inbrunst beten. Was soll ich denn tun, um mir Geld und Gut zu verschaffen? Ist es mir nach Gottes Weisheit nicht beschieden, so wäre es ja sündlich, darnach zu trachten; soll ich aber noch in dieser Welt zu Gütern gelangen, welches ich meines armen Weibes halber wünsche, die ihr schönes Vaterland verlassen, um mir in diese wilde Einöde zu folgen, so kommt es wohl, ohne daß ich Leib und Leben wage um schnödes, weltliches Gut." Der Fremde lächelte bei diesen Reden des frommen Andres auf ganz seltsame Weise und war im Begriff, etwas zu erwidern, als Giorgina mit einem tiefen Seufzer aus dem Schlaf, in den sie versunken, erwachte. Sie fühlte sich wunderbarlich gestärkt; auch der Knabe lächelte hold und lieblich an ihrer Brust. Andres war außer sich vor Freude, er weinte, er betete, er jubelte durch das Haus. Der Knecht war indessen zurückgekommen und bereitete, so gut er es vermochte, von den mitgebrachten Lebensmitteln das Mahl, an dem nun der Fremde teilnehmen sollte. Der Fremde kochte selbst eine Kraftsuppe für Giorgina, und man sah, daß er allerlei Gewürz und andere Ingredienzien hineinwarf, die

5

er bei sich getragen. Es war später Abend worden, der Fremde mußte daher bei dem Andres übernachten, und er bat, daß man ihm in derselben Stube, wo Andres und Giorgina schliefen, ein Strohlager bereiten möge. Das geschah. Andres, den die Besorgnis um Giorgina nicht schlafen ließ, bemerkte, wie der Fremde beinahe bei jedem stärkeren Atemzuge Giorginas auffuhr, wie er stündlich aufstand, leise sich ihrem Bette näherte, ihren Puls erforschte und ihr Arznei eintröpfelte.

Als der Morgen angebrochen, war Giorgina wieder zusehends besser geworden. Andres dankte dem Fremden, den er seinen Schutzengel nannte, aus der Fülle seines Herzens. Auch Giorgina äußerte, wie ihn wohl, auf ihr inbrünstiges Gebet, Gott selbst gesendet habe zu ihrer Rettung. Dem Fremden schienen diese lebhaften Ausbrüche des Danks in gewisser Art beschwerlich zu fallen; er war sichtlich verlegen und äußerte einmal über das andere, wie er ja ein Unmensch sein müsse, wenn er nicht der Kranken mit seiner Kenntnis und den Arzneimitteln, die er bei sich führe, habe beistehen sollen. Übrigens sei nicht Andres, sondern *er* zum Dank verpflichtet, da man ihn, der Not unerachtet, die im Hause herrsche, so gastlich aufgenommen, und er wolle auch keineswegs diese Pflicht unerfüllt lassen. Er zog einen wohlgefüllten Beutel hervor und nahm einige Goldstücke heraus, die er dem Andres hinreichte. „Ei, Herr", sagte Andres, „wie und wofür sollte ich denn so vieles Geld von Euch annehmen? Euch in meinem Hause zu beherbergen, da Ihr Euch in dem wilden weitläufigen Forst verirrt hattet, das war ja Christenpflicht, und dünkte Euch das irgendeines Dankes wert, so habt Ihr mich ja überreich, ja mehr, als ich es nur mit Worten sagen mag, dadurch belohnt, daß Ihr als ein weiser kunsterfahrner Mann mein liebes Weib vom augenscheinlichen Tode rettetet. Ach, Herr! was Ihr an mir getan, werde ich Euch ewiglich nicht vergessen, und Gott möge es mir verleihen, daß ich die edle Tat Euch mit meinem Leben und Blut lohnen könne." Bei diesen Worten des wackern Andres fuhr es wie ein rascher funkelnder Blitz aus den Augen des Fremden. „Ihr müßt, braver Mann", sprach er, „durchaus das Geld annehmen. Ihr seid das schon Euerm Weibe schuldig, der Ihr damit bessere Nahrungsmittel und Pflege verschaffen könnt; denn dieser bedarf sie nunmehro, um nicht wieder in ihren vorigen Zustand zurückzufallen, und Euerm Knaben Nahrung geben zu können." – „Ach, Herr", erwiderte Andres, „verzeiht es, aber eine innere Stimme sagt mir, daß ich Euer unverdientes Geld nicht nehmen darf. Diese innere Stimme, der ich, wie der höhern Eingebung meines Schutzheiligen, immer vertraut, hat mich bisher sicher durch das Leben geführt und mich beschützt vor allen Gefahren des Leibes und der Seele. Wollt Ihr großmütig handeln und an mir Armen ein übriges tun, so laßt mir ein Fläschlein von Eurer wundervollen Arznei zurück, damit durch ihre Kraft mein Weib ganz genese." Giorgina richtete sich im Bette auf, und der schmerzvolle wehmütige Blick, den sie auf Andres warf, schien ihn anzuflehen, diesmal nicht so strenge auf sein inneres Widerstreben zu achten, sondern die Gabe des mildtätigen Mannes anzunehmen. Der Fremde bemerkte das und sprach: „Nun, wenn Ihr denn durchaus mein Geld nicht annehmen wollt, so schenke ich es Euerm lieben Weibe, die meinen guten Willen, Euch aus der bittern Not zu retten, nicht verschmähen wird." Damit griff er noch einmal in den Beutel, und sich der Giorgina nähernd, gab er ihr wohl noch einmal soviel Geld, als er vorhin dem Andres angeboten hatte. Giorgina sah das schöne funkelnde Gold mit vor Freude leuchtenden Augen, sie konnte kein Wort des Danks herausbringen, die hellen Tränen schossen ihr die Wangen herab. Der Fremde wandte sich schnell von ihr weg und sprach zu Andres: „Seht, lieber Mann! Ihr könnet meine Gabe getrost annehmen, da ich nur etwas von großem Überfluß Euch mitteile. Gestehen will ich Euch, daß ich das nicht bin, was ich scheine. Nach meiner schlichten Kleidung, und da ich wie ein dürftiger wandernder Krämer zu Fuß reise, glaubt Ihr gewiß, daß ich arm bin und mich nur kümmerlich von kleinem Verdienst auf Messen und Jahrmärkten nähre: ich muß Euch jedoch sagen, daß ich durch glücklichen Handel mit den trefflichsten Kleinodien, den ich seit vielen Jahren treibe, ein sehr reicher Mann geworden und nur die einfache Lebensweise aus alter Gewohnheit beibehalten habe. In diesem kleinen Felleisen und dem Kistchen bewahre ich Juwelen und köstliche, zum Teil noch im grauen Altertum geschnittene Steine, welche viele, viele Tausende wert sind. Ich habe diesmal in Frankfurt sehr glückliche Geschäfte gemacht, so daß das wohl noch lange nicht der hundertste Teil des Gewinns sein mag, was ich Euerm lieben Weibe schenkte. Überdem gebe ich Euch das Geld keineswegs umsonst, sondern verlange von Euch dafür allerlei Gefälligkeiten. Ich wollte, wie gewöhnlich, von Frankfurt nach Kassel gehen und kam von Schlüchtern aus vom richtigen Wege ab. Indessen habe ich gefunden, daß der Weg durch diesen Forst, den sonst die Reisenden scheuen, gerade für einen Fußgänger recht anmutig ist, weshalb ich denn künftig auf gleicher Reise immer diese Straße einschlagen und bei Euch einsprechen will. Ihr werdet daher mich jährlich zweimal bei Euch eintreffen sehen; nämlich zu Ostern, wenn ich von Frankfurt nach Kassel wandere, und im späten Herbst, wenn ich von der Leipziger Michaelismesse nach Frankfurt und von dort nach der Schweiz und wohl auch nach Welschland gehe. Dann sollt Ihr mich für gute Bezahlung – einen – zwei – auch wohl drei Tage bei Euch beherbergen, und das ist die erste Gefälligkeit, um die ich Euch ersuche.

Ferner bitte ich Euch, dieses kleine Kistchen, worin Waren sind, die ich in Kassel nicht brauche, und das mir beim Wandern hinderlich ist, zu behalten, bis ich künftigen Herbst wieder bei Euch einspreche. Nicht verhehlen will ich, daß die Waren viele Tausende wert sind, aber ich mag Euch deshalb doch kaum größere Sorglichkeit empfehlen, da ich nach der Treue und Frömmigkeit, die Ihr an den Tag legt, Euch zutraue, daß Ihr auch das Geringste, was ich Euch zurückließe, sorgfältig aufbewahren würdet; zumal werdet Ihr das bei Sachen von solch großem Werte, als die sind, welche in dem Kistchen verschlossen, sicherlich tun. Seht, das ist der zweite Dienst, den ich von Euch fordere. Das Dritte, was ich verlange, wird Euch wohl am schwersten fallen, unerachtet es mir jetzt am nötigsten tut. Ihr sollt Euer liebes Weib nur auf diesen Tag verlassen und mich aus dem Forst bis auf die Straße nach Hirschfeld geleiten, wo ich bei Bekannten einsprechen und dann meine Reise nach Kassel fortsetzen will. Denn außer dem, daß ich des Weges im Forst nicht recht kundig bin und mich daher zum zweitenmal verirren könnte, ohne von einem so wackern Mann, wie Ihr es seid, aufgenommen zu werden, ist es auch in der Gegend nicht recht geheuer. Euch als einem Jägersmann aus der Gegend wird man nichts anhaben, aber ich, als einsamer Wanderer, könnte wohl gefährdet werden. Man sprach in Frankfurt davon, daß eine Räuberbande, die sonst die Gegend von Schaffhausen unsicher machte und sich bis nach Straßburg herauf ausdehnte, nunmehr sich ins Fuldaische geworfen haben soll, da die von Leipzig nach Frankfurt reisenden Kaufleute ihnen reicheren Gewinst versprachen, als sie dort finden konnten. Wie leicht wär es möglich, daß sie mich schon von Frankfurt aus als reichen Juwelenhändler kennten. Hab ich also ja durch die Rettung Eures Weibes Dank verdient, so könnt Ihr mich dadurch reichlich lohnen, daß Ihr aus diesem Forste mich auf Weg und Steg leitet." Andres war mit Freuden bereit, alles zu erfüllen, was man von ihm verlangte, und machte sich gleich, wie es der Fremde wünschte, zur Wanderung fertig, indem er seine Jägeruniform anzog, seine Doppelbüchse und seinen tüchtigen Hirschfänger umschnallte und dem Knecht befahl, zwei von den Doggen anzukuppeln. Der Fremde hatte unterdessen das Kistchen geöffnet und die prächtigsten Geschmeide, Halsketten – Ohrringe – Spangen herausgenommen, die er auf Giorginas Bette ausbreitete, so daß sie ihre Verwunderung und Freude gar nicht bergen konnte. Als nun aber der Fremde sie aufforderte, doch eine der schönsten Halsketten umzuhängen, die reichen Spangen auf ihre wunderschön geformten Ärme zu streifen, und ihr dann einen kleinen Taschenspiegel vorhielt, worin sie sich nach Herzenslust beschauen konnte, so daß sie in kindischer Lust aufjauchzte, da sagte Andres zu dem Fremden: „Ach, lieber Herr! wie möget Ihr doch in meinem armen Weibe solche Lüsternheit erregen, daß sie sich mit Dingen putzt, die ihr nimmermehr zukommen und auch gar nicht anstehen. Nehmt mir es nicht übel, Herr! aber die einfache rote Korallenschnur, die meine Giorgina um den Hals gehängt hatte, als ich sie zum erstenmal in Neapel sah, ist mir tausendmal lieber als das funkelnde blitzende Geschmeide, das mir recht eitel und trügerisch vorkommt." – „Ihr seid auch gar zu strenge", erwiderte der Fremde höhnisch lächelnd, „daß Ihr Euerm Weibe nicht einmal in ihrer Krankheit die unschuldige Freude lassen wollt, sich mit meinen schönen Geschmeiden herauszuputzen, die keineswegs trügerisch, sondern wahrhaft echt sind. Wißt Ihr denn nicht, daß eben den Weibern solche Dinge rechte Freude verursachen? Und was Ihr da sagt, daß solcher Prunk Eurer Giorgina nicht zukomme, so muß ich das Gegenteil behaupten. Euer Weib ist hübsch genug, sich so herauszuputzen, und Ihr wißt ja nicht, ob sie nicht einmal auch noch reich genug sein wird, dergleichen Schmuck selbst zu besitzen und zu tragen." Andres sprach mit sehr ernstem nachdrücklichen Ton: „Ich bitte Euch, Herr! führt nicht solche geheimnisvolle verfängliche Reden! Wollt Ihr denn mein armes Weib betören, daß sie, von eitlem Gelüst nach solchem weltlichen Prunk und Staat, nur drückender unsere Armut fühle und um alle Lebensruhe, um alle Heiterkeit gebracht werde? Packt nur Eure schöne Sachen ein, lieber Herr! ich will sie Euch treulich bewahren, bis Ihr zurückkommt. Aber sagt mir nun, wenn, wie es der Himmel verhüten möge! Euch unterdessen ein Unglück zustoßen sollte, so daß Ihr nicht mehr zurückkehret in mein Haus, wohin soll ich dann das Kistchen abliefern und wie lange soll ich auf Euch warten, ehe ich die Juwelen *dem* einhändige, den Ihr mir nennen werdet, so wie ich Euch jetzt um Euern Namen bitte?" – „Ich heiße", erwiderte der Fremde, „Ignaz Denner und bin, wie Ihr schon wisset, Kauf- und Handelsmann. Ich habe weder Weib noch Kinder, und meine Verwandte wohnen im Walliser Lande. *Die* kann ich aber keineswegs lieben und achten, da sie sich, als ich noch arm und bedürftig war, um mich gar nicht gekümmert haben. Sollte ich in drei Jahren mich nicht sehen lassen, so behaltet das Kistchen ruhig an Euch und, da ich wohl weiß, daß beide, Ihr und Giorgina, Euch sträuben werdet, das reiche Vermächtnis von mir anzunehmen, so schenke ich in jenem Fall das Kästchen mit Kleinodien Euerm Knaben, dem ich, wenn Ihr ihn firmeln laßt, den Namen Ignatius beizugeben bitte."

Andres wußte in der Tat nicht, was er aus der seltenen Freigebigkeit und Großmut des fremden Mannes machen sollte. Er stand ganz verstummt vor ihm, indes Giorgina ihm für seinen guten Willen dankte und versicherte, zu Gott und den Heiligen fleißig beten zu wollen, daß sie ihn auf seinen weiten beschwerlichen Reisen beschützen und ihn stets glücklich in ihr Haus zurückführen möchten. Der Fremde lächelte, so wie es seine Art war, auf seltsame Weise und meinte, daß wohl das Gebet einer schönen Frau mehr Kraft haben möge als das seinige. Das Beten wolle er daher ihr überlassen und übrigens seinem kräftigen abgehärteten Körper und seinen guten Waffen vertrauen.

Dem frommen Andres mißfiel diese Äußerung des Fremden höchlich; indessen verschwieg er das, was er darauf zu erwidern schon im Begriff stand, und trieb vielmehr den Fremden an, jetzt die Wanderung durch den Forst zu beginnen, da er sonst erst in später Nacht in sein Haus zurückkehren und seine Giorgina in Furcht und Angst setzen würde.

Der Fremde sagte beim Abschied noch Giorginen, daß er ausdrücklich ihr erlaube, sich, wenn es ihr Vergnügen mache, mit seinen Geschmeiden zu schmücken, da es ihr ja ohnedies in diesem einsamen wilden Forst an jeder Belustigung mangle. Giorgina errötete vor innerm Vergnügen, da sie freilich die ihrer Nation eigne Lust an glänzendem Staat und vorzüglich an kostbaren Steinen nicht unterdrücken konnte. – Nun schritten Denner und Andres rasch vorwärts durch den finstern öden Wald. In dem dicksten Gebüsch schnupperten die Doggen umher und klafften, den Herrn mit klugen beredten Augen anschauend. „Hier ist es nicht geheuer", sprach Andres, spannte den Hahn seiner Büchse und schritt mit den Hunden bedächtig vor dem fremden Kaufmann her. Oft war es ihm, als rausche es in den Bäumen, und bald erblickte er in der Ferne finstre Gestalten, die gleich wieder in dem Gebüsch verschwanden. Er wollte seine Doggen loskuppeln. „Tut das nicht, lieber Mann!" rief Denner, „denn ich kann Euch versichern, daß wir nicht das mindeste zu fürchten haben." Kaum hatte er diese Worte gesprochen, als nur wenige Schritte von ihnen ein großer schwarzer Kerl mit struppigen Haaren und großem Knebelbart, eine Büchse in der Hand, aus dem Gebüsch heraustrat. Andres machte sich schußfertig. „Schießt nicht, schießt nicht!" rief Denner; der schwarze Kerl nickte ihm freundlich zu und verlor sich in den Bäumen. Endlich waren sie aus dem Walde heraus, auf der lebhaften Landstraße. „Nun danke ich Euch herzlich für Euer Geleite", sprach Denner; „kehrt nur jetzt in Eure Wohnung zurück; sollten Euch wieder solche Gestalten aufstoßen, wie wir sie gesehen, so zieht ruhig Eure Straße fort, ohne Euch darum zu kümmern. Tut, als wenn Ihr gar nichts bemerktet, behaltet Eure Doggen am Strick, Ihr werdet ohne alle Gefahr Eure Wohnung erreichen." Andres wußte nicht, was er von dem allen und von dem wunderlichen Kaufmann denken sollte, der, wie ein Geisterbeschwörer, den Feind zu bannen und von sich abzuhalten schien. Er konnte nicht begreifen, warum er denn erst sich habe durch den Wald geleiten lassen. Getrost schritt Andres durch den Forst zurück, es stieß ihm durchaus nichts Verdächtiges auf, und er kam wohlbehalten in sein Haus, wo ihm seine Giorgina, die sich munter und kräftig aus dem Bette gemacht, voll Freude in die Arme fiel.

Durch die Freigebigkeit des fremden Kaufmanns bekam die kleine Haushaltung des Andres eine ganz andere Gestalt. Kaum war nämlich Giorgina ganz genesen, als er mit ihr nach Fulda ging und außer den nötigsten Bedürfnissen noch manches Stück einkaufte, das ihrer häuslichen Einrichtung abging und wodurch diese das Ansehen eines gewissen Wohlstandes erhielt. Dazu kam, daß seit dem Besuch des Fremden die Freijäger und Holzdiebe aus der Gegend gebannt schienen und Andres seinem Posten ruhig vorstehen konnte. Auch sein Jagdglück war wiedergekehrt, so daß er, wie sonst, beinahe niemals einen Fehlschuß tat. Der Fremde stellte sich zu Michaelis wieder ein und blieb drei Tage. Der hartnäckigen Weigerung der Wirtsleute unerachtet, war er doch wieder so freigebig wie das erstemal. Er versicherte, es sei nun einmal seine

Absicht, sie in Wohlstand zu versetzen, und so sich selbst das Absteigequartier im Walde freundlicher und angenehmer zu machen.

Nun konnte die bildhübsche Giorgina sich besser kleiden; sie gestand dem Andres, daß sie der Fremde mit einer zierlich gearbeiteten goldnen Nadel, wie sie die Mädchen und Weiber in mancher Gegend Italiens durch das in Zöpfen zusammengeflochtene aufgewirbelte Haar zu stecken pflegen, beschenkt habe. Andres zog ein finstres Gesicht, aber in dem Augenblick war Giorgina zur Tür herausgesprungen und nicht lange dauerte es, so kehrte sie zurück, ganz so gekleidet und geschmückt, wie Andres sie in Neapel gesehen hatte. Die schöne goldne Nadel prangte in dem schwarzen Haar, in das sie mit malerischem Sinn bunte Blumen geflochten, und Andres mußte sich nun selbst gestehen, daß der Fremde sein Geschenk recht sinnig gewählt hatte, um seine Giorgina wahrhaft zu erfreuen.

Andres äußerte dies unverhohlen, und Giorgina meinte, daß der Fremde wohl ihr Schutzengel sei, der sie aus der tiefsten Dürftigkeit zum Wohlstande erhebe, und daß sie gar nicht begreife, wie Andres so wortkarg, so verschlossen gegen den Fremden und überhaupt so traurig, so in sich gekehrt bleiben könne. „Ach, liebes Herzensweib!" sprach Andres, „die innere Stimme, welche mir damals so laut sagte, daß ich durchaus nichts von dem Fremden annehmen dürfe, die schweigt bis jetzt keineswegs. Ich werde oft von innern Vorwürfen gemartert; es ist mir, als ob mit dem Gelde des Fremden unrechtes Gut in mein Haus gekommen sei, und deshalb kann mich nichts recht freuen, was dafür angeschafft wurde. Ich kann mich jetzt wohl öfter mit einer kräftigen Speise, mit einem Glase Wein erlaben; glaube mir aber, liebe Giorgina! war einmal ein guter Holzverkauf vorgefallen und hatte mir der liebe Gott ein paar ehrlich verdiente Groschen mehr beschert als gewöhnlich, dann schmeckte mir ein Glas geringen Weins viel besser als jetzt der gute Wein, den der Fremde uns mitbringt. Ich kann mich mit diesem sonderbaren Kaufmann durchaus nicht befreunden, ja es ist mir in seiner Gegenwart oft ganz unheimlich zumute. Hast du wohl bemerkt, liebe Giorgina! daß er niemanden fest anzuschauen vermag? Und dabei blitzt es zuweilen aus seinen tiefliegenden kleinen Augen so sonderbar heraus, und dann kann er bei unsern schlichten Reden oft so – bübisch, möcht ich sagen, lachen, daß es mich eiskalt überläuft. – Ach, möchten nur nicht meine innern Gedanken wahr werden, aber oft ist es mir, als liege allerlei schwarzes Unheil im Hintergrunde, das nun der Fremde mit einemmal hervorrufen werde, nachdem er uns in seinen künstlichen Schlingen gefangen."

Giorgina suchte ihrem Mann die schwarzen Vorstellungen auszureden, indem sie versicherte, wie sie oft in ihrem Vaterlande und vorzüglich bei ihren Pflegeeltern im Wirtshause Personen kennengelernt, deren Äußeres noch viel widriger gewesen sei, unerachtet es am Ende grundgute Menschen waren. Andres schien getröstet, im Innern beschloß er aber, auf der Hut zu sein.

Der Fremde sprach bei Andres wieder ein, als sein Knabe, ein wunderschönes Kind, ganz der Mutter Ebenbild, gerade neun Monate alt geworden. Es war Giorginas Namenstag; sie hatte den Kleinen fremdartig und sonderbar herausgeputzt, sich selbst in ihre liebe neapolitanische Tracht geworfen und ein besseres Mahl als gewöhnlich bereitet, wozu der Fremde eine Flasche köstlichen Weins aus dem Felleisen hergab. Als sie nun fröhlich bei Tische saßen und der kleine Knabe mit solch wunderbar verständigen Augen umherblickte, hub der Fremde an: „Euer Kind verspricht in der Tat mit seinem besondern Wesen schon jetzt recht viel, und es ist schade, daß ihr nicht imstande sein werdet, es gehörig zu erziehen. Ich hätte euch wohl einen Vorschlag zu tun, ihr werdet ihn aber verwerfen wollen, unerachtet ihr bedenken möchtet, daß er nur euer Glück, euern Wohlstand bezweckt. Ihr wißt, daß ich reich und ohne Kinder bin, ich fühle eine ganz besondere Liebe und Zuneigung zu euerm Knaben – gebt mir ihn! – Ich bringe ihn nach Straßburg, wo er von einer Freundin von mir, einer alten ehrbaren Frau, auf das beste erzogen werden und mir sowie euch große Freude machen soll. Ihr werdet mit euerm Kinde einer großen Last frei; doch müßt ihr euern Entschluß schnell fassen, da ich genötigt bin, noch heute abend abzureisen. Auf meinen Armen trage ich das Kind bis in das nächste Dorf; dort nehme ich dann ein Fuhrwerk." Bei diesen Worten des Fremden riß Giorgina das Kind, das er auf seinen Knien geschaukelt hatte, hastig fort und drückte es an ihren Busen, indem ihr die Tränen in die Augen traten. „Seht, lieber Herr!" sprach Andres, „wie meine Frau Euch auf Euern Vorschlag antwortet, und ebenso bin auch ich gesinnt. Eure Absicht mag recht gut sein; aber wie möget Ihr doch uns das Liebste rauben wollen, das wir auf Erden besitzen? wie möget Ihr doch das eine Last nennen, was unser Leben aufheitern würde, wären wir auch noch in der tiefsten Dürftigkeit, aus der uns Eure Güte gerissen? Seht, lieber Herr! Ihr sagtet selbst, daß Ihr ohne Frau und ohne Kinder wäret; Euch ist daher wohl die Seligkeit fremd, die gleichsam aus der Glorie des offnen Himmelreichs herabströmt auf Mann und Weib bei der Geburt eines Kindes. Es ist ja die reinste Liebe und Himmelswonne selbst, von der die Eltern erfüllt werden, wenn sie ihr Kind schauen, das, stumm und still an der Mutter Brust liegend, doch mit gar beredten Zungen von ihrer Liebe, von ihrem höchsten Lebensglück spricht. – Nein, lieber Herr! so groß auch die Wohltaten sind, die Ihr uns erzeigt habt, so wiegen sie doch lange nicht das auf, was uns unser Kind wert ist; denn wo gäbe es Schätze der Welt, die diesem Besitz gleichzustellen? Scheltet uns daher nicht undankbar, lieber Herr! daß wir Euch Euer Ansinnen so ganz und gar abschlagen. Wäret Ihr selbst Vater, so bedürfte es weiter gar keiner Entschuldigung für uns." – „Nun, nun", erwiderte der Fremde, indem er finster seitwärts blickte, „ich glaubte Euch wohlzutun, indem ich Euern Sohn reich und glücklich machte. Seid ihr nicht damit zufrieden, so ist davon weiter nicht die Rede." – Giorgina küßte und herzte den Knaben, als sei er aus großer Gefahr errettet und ihr wiedergegeben worden. Der Fremde strebte sichtlich wieder unbefangen und heiter zu scheinen; man merkte es indessen doch nur zu deutlich, wie sehr ihn die Weigerung seiner Wirtsleute, ihm den Knaben zu geben, verdrossen hatte. Statt, wie er gesagt, noch denselben Abend fortzureisen, blieb er wieder drei Tage, in welchen er jedoch nicht so wie sonst bei Giorgina verweilte, sondern mit Andres auf die Jagd zog und sich bei dieser Gelegenheit viel von dem Grafen Aloys von Vach erzählen ließ. Als in der Folge Ignaz Denner wieder bei seinem Freunde Andres einsprach, dachte er nicht mehr an seinen Plan, den Knaben mit sich zu nehmen. Er war nach seiner Art freundlich wie vorher und fuhr fort, Giorgina reichlich zu beschenken, die er noch überdem wiederholt aufforderte, so oft sie Lust habe, sich mit den Juwelen aus dem Kistchen, das er Andres in Verwahrung gegeben, zu schmücken, welches sie auch wohl dann und wann heimlich tat. Oft wollte Denner wie sonst mit dem Knaben spielen; dieser sträubte sich aber und weinte, durchaus mochte er nicht mehr zu dem Fremden gehen, als wisse er etwas von dem feindlichen Anschlag, ihn seinen Eltern zu entführen. – Zwei Jahre hindurch hatte der Fremde nun auf seinen Wanderungen den Andres besucht, und Zeit und Gewohnheit hatten die Scheu, das Mißtrauen wider Denner endlich überwunden, so daß Andres seinen Wohlstand ruhig und heiter genoß. Im Herbst des dritten Jahres, als die Zeit, in der Denner gewöhnlich einzusprechen pflegte, schon vorüber war, pochte es in einer stürmischen Nacht hart an Andres' Tür, und mehrere rauhe Stimmen riefen seinen Namen. Erschrocken sprang er aus dem Bette; als er aber zum Fenster herausfrug, wer ihn in finstrer Nacht so störe, und wie er gleich seine Doggen loslassen werde, um solche ungebetene Gäste wegzuhetzen, da sagte einer, er möge nur aufmachen, ein Freund sei da, und Andres erkannte Denners Stimme. Als er nun mit dem Licht in der Hand die Haustür öffnete, trat ihm Denner allein entgegen. Andres äußerte, wie es ihm vorgekommen, als ob mehrere Stimmen seinen Namen gerufen hätten; Denner meinte dagegen, daß den Andres das Heulen des Windes getäuscht haben müsse. Als sie in die Stube traten, erstaunte Andres nicht wenig, als er den Denner näher betrachtete und seinen ganz veränderten Anzug gewahr wurde. Statt der grauen schlichten

16

Kleidung und des Mantels trug er ein dunkelrotes Wams und einen breiten ledernen Gurt, in dem ein Stilett und vier Pistolen staken; außerdem war er noch mit einem Säbel bewaffnet, selbst das Gesicht schien verändert, indem auf der sonst glatten Stirn nun buschichte Augenbrauen lagen und ein starker schwarzer Bart sich über Lippe und Wangen zog. „Andres!" sprach Denner, indem er ihn mit seinen funkelnden Augen anblitzte, „Andres! als ich vor beinahe drei Jahren dein Weib vom Tode errettet hatte, da wünschtest du, daß Gott es dir verleihen möge, mir die dir erzeigte Wohltat mit deinem Blut und Leben lohnen zu können. Dein Wunsch ist erfüllt; denn es ist nunmehr der Augenblick gekommen, in dem du mir deine Dankbarkeit, deine Treue beweisen kannst. Kleide dich an; nimm deine Büchse und komme mit mir, nur wenige Schritte von deiner Wohnung sollst du das übrige erfahren." Andres wußte nicht, was er von Denners Zumutung halten sollte; der Worte, die er ihm vorhielt, indessen wohl eingedenk, versicherte er, wie er bereit sei, alles nur mögliche für ihn zu unternehmen, sobald es nicht der Rechtschaffenheit, Tugend und Religion zuwiderlaufe. „Darüber kannst du ganz ruhig sein", rief Denner, indem er ihm lächelnd auf die Schulter klopfte; und da er bemerkte, daß Giorgina aufgesprungen war und, vor Angst zitternd und bebend ihren Mann umklammerte, nahm er sie bei den Armen und sprach, sie sanft zurückziehend: „Laßt Euern Mann nur immer mit mir ziehen, in wenigen Stunden ist er wieder gesund bei Euch und bringt Euch vielleicht was Schönes mit. Hab ich es denn jemals böse mit euch gemeint? Habe ich selbst dann, wenn ihr mich verkanntet, nicht immer euch Gutes erzeigt? Wahrhaftig, ihr seid recht besondere mißtrauische Leute." Andres zauderte noch immer sich anzukleiden, da wandte Denner sich zu ihm und sprach mit zornigem Blick: „Ich hoffe, du wirst deine Zusage halten, denn es gilt nunmehr, das zu beweisen mit der Tat, was du gesprochen!" Schnell war nun Andres angekleidet, und indem er mit Denner zur Türe herausschritt, sprach er noch einmal: „Alles, lieber Herr! will ich für Euch tun, doch etwas Unrechtes werdet Ihr wohl von mir nicht fordern, da ich auch das Kleinste, was wider mein Gewissen liefe, nicht vollbringen würde."

Denner antwortete nichts, sondern schritt rasch vorwärts. Sie waren durch das Dickicht gedrungen bis auf einen ziemlich geräumigen Rasenplatz; da pfiff Denner dreimal, daß der Ton ringsumher aus den schaurigen Klüften widerhallte, und überall in den Büschen flackerten Windlichter auf, und es rauschte und klirrte in den dunklen Gängen, bis sich schwarze gräßliche Gestalten gespenstisch hervordrängten und den Denner im Kreise umringten. Einer aus dem Kreise trat hervor und sprach, auf Andres hindeutend: „Das ist ja wohl unser neuer Geselle, nicht wahr, Hauptmann?" – „Ja", antwortete Denner, „ich hab ihn aus dem Bette geholt, er soll sein Probstück machen, es kann nun gleich vorwärts gehen." Andres erwachte bei diesen Worten wie aus dumpfer Betäubung, kalter Schweiß stand ihm auf der Stirne; aber er ermannte sich und rief heftig: „Was, du schändlicher Betrüger, für einen Kaufmann gabst du dich aus und treibst ein höllisches verruchtes Gewerbe und bist ein verworfener Räuber! Nimmermehr will ich dein Geselle sein und teilnehmen an deinen Schandtaten, zu denen du mich, wie der Satan selbst, auf künstliche hämische Weise verlocken wolltest! – Laß mich gleich fort, du freveliger Bösewicht, und räume mit deiner Rotte dies Gebiet, sonst verrate ich deine Schlupfwinkel der Obrigkeit, und du bekommst den Lohn für deine Schandtaten; denn nun weiß ich es wohl, daß du selbst der schwarze Ignaz bist, der mit seiner Bande an der Grenze gehauset und geraubt und gemordet hat. – Gleich lasse mich fort, ich will dich nie mehr schauen." Denner lachte laut auf. „Was, du feiger Bube?" sprach er, „du unterstehst dich, mir zu trotzen, dich meinem Willen, meinem Machtwort entziehen zu wollen? Bist du nicht längst schon unser Geselle? lebst du nicht schon seit beinahe drei Jahren von unserm Gelde? schmückt sich dein Weib nicht mit unserm Raube? Nun stehst du unter uns und willst nicht arbeiten dafür, was du genossen? Folgst du uns nun nicht, zeigst du dich nicht gleich als unsern rüstigen Kumpan, so lasse ich dich gebunden in unsere Höhle werfen, und meine Gesellen ziehen nach deiner Wohnung, zünden sie an und ermorden dein Weib und deinen Knaben. Doch ich werde wohl diese Maßregel, die nur eine Folge deiner Halsstarrigkeit sein würde, nicht ergreifen dürfen. Nun! – wähle! – es ist Zeit, wir müssen fort!" – Andres sah nun wohl ein, daß die mindeste Weigerung seiner geliebten Giorgina und dem Knaben das Leben kosten würde; den verräterischen bübischen Denner im Innern zur Hölle verfluchend, beschloß er daher, in seinen Willen sich scheinbar zu fügen, rein von Diebstahl und Mord zu bleiben und das tiefere Eindringen in die Schlupfwinkel der Bande nur dazu zu benutzen, bei der ersten günstigen Gelegenheit ihre Aufhebung und Einziehung zu bewirken. Nach diesem im stillen gefaßten Entschluß erklärte er dem Denner, wie trotz seines innern Widerstrebens doch die Dankbarkeit für Giorginas Rettung ihn verpflichte, etwas zu wagen, und er wolle daher die Expedition mitmachen, wobei er nur bitte, ihn als einen Neuling, soviel möglich mit dem tätigen Anteil daran zu verschonen. Denner lobte seinen Entschluß, indem er hinzufügte, wie er keineswegs verlange, daß er förmlich zur Bande übertreten solle, vielmehr müsse er Revierjäger bleiben; denn so wäre er ihm und der Bande schon jetzt von großem Nutzen gewesen, was denn auch künftig der Fall sein würde.

Es war auf nichts Geringeres abgesehen, als die Wohnung eines reichen Pachters, die, von dem Dorfe abgelegen, unfern dem Walde stand, zu überfallen und auszuplündern. Man wußte, daß der Pachter außer dem vielen Gelde und den Kostbarkeiten, die er besaß, eben jetzt für verkauftes Getreide eine sehr bedeutende Summe eingenommen hatte, die er bei sich bewahrte, und um so mehr versprachen sich die Räuber einen reichen Fang. Die Windlichter wurden ausgelöscht, und still zogen die Räuber durch die engen Schleichwege, bis sie dicht an dem Gebäude standen, welches einige von der Bande umringten. Andere dagegen stiegen über die Mauer und sprengten von innen das Hoftor; einige wurden auf Wache ausgestellt, und unter diesen befand sich Andres. Bald hörte er, wie die Räuber die Türen erbrachen und ins Haus stürmten, er vernahm ihr Fluchen, ihr Geschrei, das Geheul der Gemißhandelten. Es fiel ein Schuß; der Pachter, ein beherzter Mann, mochte sich zur Wehre setzen – dann wurde es stiller –

19

aufgesprengte Schlösser klirrten, Räuber schleppten Kisten zum Hoftor heraus. Einer von des Pachters Leuten mußte in der Finsternis entwischt und ins Dorf gerannt sein; denn auf einmal tönte die Sturmglocke durch die Nacht, und bald darauf strömten Haufen mit hellauflodernden Lichtern die Straße herauf nach der Pachterwohnung. Nun fiel Schuß auf Schuß, die Räuber sammelten sich im Hofe und streckten alles nieder, was sich der Mauer näherte. Sie hatten ihre Windfackeln angezündet. Andres, der auf einer Anhöhe stand, konnte alles übersehen. Mit Entsetzen erblickte er unter den Bauern Jäger in der Livrei seines Herrn, des Grafen von Vach! – Was sollte er tun? – Sich zu ihnen zu begeben war unmöglich, nur die schnellste Flucht konnte ihn retten; aber wie festgezaubert stand er da, hinstarrend in den Pachterhof, wo das Gefecht immer mörderischer wurde; denn durch eine kleine Pforte an der andern Seite waren die Vachschen Jäger gedrungen und mit den Räubern handgemein geworden. Die Räuber mußten zurück, sie drängten sich fechtend durch das Tor nach der Gegend hin, wo Andres stand. Er sah Dennern, der unaufhörlich lud und schoß und niemals fehlte. Ein junger reichgekleideter Mann, von Vachschen Jägern umgeben, schien den Anführer zu machen; auf ihn legte Denner an, aber noch ehe er abdrückte, stürzte er, von einer Kugel getroffen, mit einem dumpfen Schrei nieder. Die Räuber flohen – schon stürzten die Vachschen Jäger herbei, da sprang, wie von unwiderstehlicher Macht getrieben, Andres herbei und rettete Dennern, den er, stark wie er war, auf die Schultern warf und schnell forteilte. Ohne verfolgt zu werden, erreichte er glücklich den Wald. Nur einzelne Schüsse fielen hin und wieder, und bald wurde es ganz still, ein Zeichen, daß es den Räubern, die nicht verwundet auf dem Platze liegengeblieben, geglückt war, in den Wald zu entkommen, und daß es den Jägern und Bauern nicht ratsam schien, in das Dickicht einzubrechen. „Setze mich nur nieder, Andres! „ sprach Denner, „ich bin in den Fuß verwundet und verdammt, daß ich umstürzte, denn, unerachtet mich die Wunde sehr schmerzt, glaub ich doch nicht einmal, daß sie bedeutend ist." Andres tat es, Denner holte eine kleine Phiole aus der Tasche, und als er sie öffnete, strahlte ein helles Licht heraus, bei dem Andres die Wunde genau untersuchen konnte: Denner hatte recht; nur ein starker Streifschuß hatte den rechten Fuß getroffen, der stark blutete. Andres verband die Wunde mit seinem Schnupftuch, Denner ließ seine Pfeife ertönen, aus der Ferne wurde geantwortet, und nun bat er den Andres, ihn sachte den schmalen Waldweg heraufzuführen, denn bald würden sie an Ort und Stelle sein. Wirklich dauerte es auch nicht lange, so sahen sie den Schein von Windlichtern durch das dunkle Gebüsch brechen und hatten jenen Rasenplatz erreicht, von dem sie ausgegangen und wo sie die übriggebliebenen Räuber bereits versammelt fanden. Alle jauchzten vor Freude auf, als Denner unter sie trat, und rühmten den Andres, der, tief in sich gekehrt, kein Wort vorzubringen vermochte. Es fand sich, daß über die Hälfte der Bande tot oder hart verwundet auf dem Platze liegengeblieben war; indessen hatten einige von den Räubern, die dazu bestimmt waren, den Raub in Sicherheit zu bringen, mitten im Gefecht wirklich mehrere Kisten mit kostbarem Gerät sowie eine ansehnliche Summe Geld fortzuschaffen gewußt, so daß, unerachtet das Unternehmen schlimm ausgegangen, doch die Beute ansehnlich blieb. Als nun das Nötige besprochen, wandte sich Denner, den man unterdessen ordentlich verbunden hatte und der kaum irgendeinen Schmerz mehr zu fühlen schien, zu Andres und sprach: „Ich habe dein Weib vom Tode errettet, du hast mich in dieser Nacht der Gefangenschaft entzogen und mich folglich auch von dem mir gewissen Tode befreit, wir sind quitt! du kannst in deine Wohnung zurückkehren. In den nächsten Tagen, vielleicht schon morgen, verlassen wir die Gegend; du magst daher ganz ruhig darüber sein, daß wir dir ähnliches, so wie heute, zumuten werden. Du bist ja so ein gottesfürchtiger Narr und uns nicht brauchbar. Es ist indessen billig, daß du teil am heutigen Raube nehmest und überdem für meine Rettung belohnt werdest. Nimm daher diesen Beutel mit Gold und behalte mich in gutem Andenken; denn übers Jahr hoffe ich bei dir einzusprechen." – „Gott der Herr soll mich behüten", erwiderte Andres heftig, „daß ich auch nur einen Pfennig von Eurem schändlichen Raube nehmen sollte. Habt Ihr mich doch nur durch die abscheulichsten Drohungen gezwungen mitzugehen, welches ich ewiglich bereuen werde. Wohl mag es Sünde gewesen sein, daß ich dich, du schändlicher Bösewicht! der gerechten Strafe entzogen habe; aber Gott im Himmel mag es mir nach seiner Langmut verzeihen. Es war, als flehe in dem Augenblick meine Giorgina um dein Leben, da du das ihrige errettet, und ich konnte nicht anders, als daß ich dich mit Gefahr meines Lebens und meiner Ehre, ja das Wohl und Weh meines Weibes und meines Kindes aufs Spiel setzend, der Gefahr entriß. Denn sprich, was wäre aus mir, wenn man mich verwundet, ja, was wäre aus meinem armen Weibe, meinem Knaben geworden, wenn man mich erschlagen unter deiner verruchten Mörderbande gefunden hätte? – Aber sei überzeugt, daß, wenn du die Gegend nicht verlässest, wenn nur ein einziger hier geschehener Raub oder Mord mir kund wird, ich augenblicklich nach Fulda gehe und der Obrigkeit deine Schlupfwinkel verrate." – Die Räuber wollten über den Andres herfallen, um ihn für seine Reden zu züchtigen; Denner verbot es ihnen jedoch, indem er sagte: „Laßt doch den albernen Kerl schwatzen, was tut das uns? – Andres", fuhr Denner fort, „du bist in meiner Gewalt, so wie dein Weib und dein Knabe. Du sowohl als diese sollen aber ungefährdet bleiben, wenn du mir versprichst, dich ruhig in deiner Wohnung zu halten und über deine Mitwissenschaft von dem Vorfall dieser Nacht gänzlich zu schweigen. Das letzte rate ich dir um so mehr, als meine Rache dich furchtbar treffen und überdem die Obrigkeit dir selbst wohl deine Hülfe bei der Tat, sowie daß du schon lange von meinem Reichtum genossest, nicht so hingehen lassen würde. Dagegen verspreche ich dir noch einmal, daß ich die Gegend gänzlich räumen will und wenigstens von mir und meiner Bande hier kein Unternehmen mehr ausgeführt werden soll." Nachdem Andres notgedrungen diese Bedingungen des Räuberhauptmanns eingegangen war und feierlich versprochen hatte zu schweigen, wurde er von zwei Räubern durch wildverwachsne Fußsteige auf den breiten Waldweg geführt, und es war längst heller Morgen worden, als er in sein Haus trat und die vor Sorge und Angst totenbleiche Giorgina umarmte. Er sagte ihr nur im allgemeinen, daß sich ihm Denner als der verruchteste Bösewicht offenbart und er daher alle Gemeinschaft mit ihm abgebrochen habe; nie solle er mehr seine Schwelle betreten. „Aber das Juwelenkästchen?" unterbrach ihn Giorgina. Da fiel es dem Andres wie eine schwere Last aufs Herz. An die Kleinodien, die Denner bei ihm zurückgelassen, hatte er nicht gedacht, und unerklärlich schien es ihm, daß Dennern auch nicht ein Wort darüber entfallen war. Er ging mit sich zu Rate, was er wohl mit diesem Kästchen anfangen solle. Zwar dachte er daran, es nach Fulda zu bringen und der Obrigkeit zu übergeben; wie sollte er aber den Besitz desselben beschönigen, ohne sich wenigstens dringender Gefahr auszusetzen, das dem Denner einmal gegebene Wort zu brechen? – Er beschloß endlich, diesen Schatz getreulich zu bewahren, bis der Zufall ihm Gelegenheit darbieten würde, es Dennern wieder zuzustellen, oder besser noch, es, ohne sein Wort zu brechen, an die Obrigkeit zu bringen.

Der Überfall der Pachterwohnung hatte nicht geringen Schreck in der ganzen Gegend verursacht; denn es war das kühnste Wagestück, das die Räuber seit Jahren unternommen, und ein sichrer Beweis, daß die Bande, welche sich erst durch gemeine Diebereien, dann durch das Anhalten und Berauben einzelner Reisenden kund tat, bedeutend verstärkt haben mußte. Nur dem Zufall, daß der Neffe des Grafen von Vach, von mehreren Leuten seines Oheims begleitet, eben in dem Dorfe, das unfern der Pachterwohnung lag, übernachtete und auf den ersten Lärm den Bauern, die gegen die Räuber auszogen, zu Hülfe eilte, hatte der Pachter die Rettung seines Lebens und des größten Teils seiner Barschaft zu verdanken. Drei von den Räubern, die auf dem Platz geblieben waren, lebten noch den andern Tag und gaben Hoffnung, von ihren Wunden zu genesen. Man hatte sie sorgfältig verbunden und in das Dorfgefängnis gesperrt; als man indessen am frühen Morgen des dritten Tages sie abführen wollte, fand man sie durch viele Stiche ermordet, ohne daß man hätte erraten können, wie das zugegangen.

23

Jede Hoffnung der Gerichte, von den Gefangenen näheren Aufschluß über die Bande zu erhalten, war daher vereitelt.

Andres schauderte im Innern, als er das alles erzählen hörte, als er vernahm, wie mehrere Bauern und Jäger des Grafen von Vach zum Teil getötet, zum Teil schwer verwundet worden. – Starke Patrouillen von fuldaischen Reitern durchstreiften den Wald und sprachen öfters bei ihm ein; jeden Augenblick mußte Andres befürchten, daß man Dennern selbst oder wenigstens einen von der Bande einbringen und dieser ihn dann als Genosse jener kühnen Freveltat erkennen und angeben werde. Zum erstenmal in seinem Leben fühlte er die folternde Qual des bösen Gewissens, und doch hatte ihn nur die Liebe zu seinem Weibe, zu dem Knaben gezwungen, dem frevelichen Ansinnen Denners nachzugeben.

Alle Nachforschungen blieben fruchtlos, es war unmöglich, den Räubern auf die Spur zu kommen, und Andres überzeugte sich bald, daß Denner Wort gehalten und die Gegend mit seiner Bande verlassen hatte. Das Geld, welches er noch von Denners Geschenken übrigbehalten, sowie die goldene Nadel legte er zu den Kleinodien in das Kistchen; denn er wollte nicht noch mehr Sünde auf sich laden und von geraubtem Gelde sich gütlich tun. So kam es denn, daß Andres bald wieder in die vorige Dürftigkeit und Armut geriet; aber immer mehr erheiterte sich sein Inneres, je längere Zeit verstrich, ohne daß irgend etwas sein ruhiges Leben verstört hätte. Nach zwei Jahren gebar ihm sein Weib noch einen Knaben, ohne jedoch, wie das erstemal, zu erkranken, wiewohl sie sich herzlich nach jener bessern Kost und Pflege sehnte, die ihr damals so wohl getan. Andres saß einst in der Abenddämmerung traulich mit seinem Weibe zusammen, die den jüngstgebornen Knaben an der Brust hatte, während der ältere sich mit dem großen Hunde herumbalgte, der, als Liebling seines Herrn, wohl in der Stube sein durfte. Da kam der Knecht hinein und sagte, wie ein Mensch, der ihm ganz verdächtig vorkomme, schon seit beinahe einer Stunde um das Haus herumschleiche. Andres war im Begriff, mit seiner Büchse hinauszugehen, als er vor dem Hause seinen Namen rufen hörte. Er öffnete das Fenster und erkannte auf den ersten Blick den verhaßten Ignaz Denner, der sich wieder in den grauen Kaufmannshabit geworfen hatte und ein Felleisen unter dem Arme trug. „Andres", rief Denner, „du mußt mir diese Nacht Herberge geben in deinem Hause, morgen ziehe ich weiter." – „Was? Du unverschämter verruchter Bösewicht?" rief Andres in vollem Zorn, „du wagst es, dich wieder hier sehen zu lassen? Habe ich dir nicht treulich Wort gehalten, nur damit du dein Versprechen erfüllen und auf immer diese Gegend verlassen solltest? Du darfst nicht mehr meine Schwelle betreten – entferne dich schnell, oder ich schieße dich mörderischen Buben nieder! – Doch warte, ich will dir dein Gold, dein Geschmeide, womit du Satan mein Weib verblenden wolltest, hinabwerfen; dann magst du schnell forteilen. Ich lasse dir drei Tage Zeit, spüre ich aber dann nur auf irgendeine Weise deine und deiner Bande Gegenwart, so eile ich schnell nach Fulda und entdecke alles, was ich weiß, der Obrigkeit. Magst du nun deine Drohungen gegen mich und mein Weib erfüllen wollen, ich verlasse mich auf den Beistand Gottes und werde dich Bösewicht mit meinem guten Gewehr zu treffen wissen." Nun holte Andres schnell das Kästchen herbei, um es hinabzuwerfen; als er aber ans Fenster trat, war Denner verschwunden, und unerachtet die Doggen die ganze Gegend rings ums Haus durchspüren mußten, war es doch nicht möglich, ihn aufzufinden. Andres sah nun wohl ein, wie er, Denners Bosheit ausgesetzt, nun in großer Gefahr schwebe; er war daher allnächtlich auf seiner Hut, indessen blieb alles ruhig, und Andres überzeugte sich, daß Denner nur allein den Wald durchstrichen hatte. Um indessen seinen ängstlichen Zustand zu enden, ja um sein Gewissen zu beruhigen, das ihn mit Vorwürfen quälte, beschloß er, nun nicht länger zu schweigen, sondern dem Rat in Fulda sein ganzes unverschuldetes Verhältnis mit Denner zu berichten und zugleich das Kistchen mit den Kleinodien abzuliefern. Andres wußte wohl, daß er ohne Strafe nicht abkommen würde, jedoch verließ er sich auf sein reuiges Bekenntnis eines Fehltritts, zu dem ihn der verruchte Ignaz Denner, wie der Satan selbst verlockt und gezwungen, sowie auf die Fürsprache seines Herrn, des Grafen von Vach, der dem treuen Diener ein günstiges Zeugnis nicht versagen konnte. Er hatte mit seinem Knechte mehrmals den Wald durchstreift, und nie war ihm etwas Verdächtiges aufgestoßen; für sein Weib war daher jetzt keine Gefahr vorhanden, und er wollte nun ungesäumt nach Fulda gehen, um seinen Vorsatz auszuführen. An dem Morgen, als er sich zur Reise bereit gemacht, kam ein Bote von dem Grafen von Vach, der ihn augenblicklich auf das Schloß seines Herrn mitgehen hieß. Statt nach Fulda wanderte er also fort mit dem Boten nach dem Schloß, nicht ohne Bangigkeit, was wohl dieser ganz ungewöhnliche Ruf seines Herrn zu bedeuten haben werde. Als er in dem Schloß angekommen, mußte er gleich in das Zimmer des Grafen treten. „Freue dich, Andres", rief dieser ihm entgegen, „dich hat ein ganz unerwartetes Glück getroffen. Erinnerst du dich wohl noch unsers alten mürrischen Hauswirts in Neapel, des Pflegevaters deiner Giorgina? Der ist gestorben; aber auf dem Sterbebette hatte ihn noch das Gewissen gerührt wegen der abscheulichen Behandlung des armen verwaisten Kindes, und deshalb hat er ihr zweitausend Dukaten vermacht, die bereits in Wechselbriefen in Frankfurt angekommen sind und die du bei meinem Bankier heben kannst. Willst du dich gleich nach Frankfurt aufmachen, so lasse ich dir auf der Stelle das nötige Zertifikat ausfertigen, damit dir das Geld ohne Anstand ausgezahlt werde." Den Andres machte die Freude sprachlos, und der Graf von Vach ergötzte sich nicht wenig an dem Entzücken seines treuen Dieners. Andres beschloß, als er sich gefaßt hatte, seinem Weibe eine unvermutete Freude zu bereiten; er nahm daher seines Herrn gnädiges Anerbieten an und machte sich, nachdem er die Urkunde zu seiner Legitimation erhalten, auf den Weg nach Frankfurt.

Seinem Weibe ließ er sagen, wie ihn der Graf mit wichtigen Aufträgen verschickt habe und er daher einige Tage ausbleiben werde. – Als er in Frankfurt angekommen, wies ihn der Bankier des Grafen, bei dem er sich meldete, an einen andern Kaufmann, der mit der Auszahlung des Legats beauftragt sein sollte. Andres fand ihn endlich und erhielt die ansehnliche Summe wirklich ausgezahlt.

Immer nur an Giorgina denkend, immer darnach trachtend, ihre Freude recht vollkommen zu machen, kaufte er für sie allerlei schöne Sachen und auch eine goldene Nadel, *der* ganz gleich, welche ihr Denner geschenkt hatte, und da er nun das schwere Felleisen nicht wohl als Fußgänger fortbringen konnte, verschaffte er sich ein Pferd. So trat er nun, nachdem er sechs Tage abwesend gewesen, wohlgemut seine Rückreise an. Bald hatte er den Forst und seine Wohnung erreicht. Er fand das Haus fest verschlossen. Laut rief er den Knecht, seine Giorgina, niemand antwortete; die Hunde winselten, im Hause eingesperrt. Da ahnete er großes Unglück und schlug heftig an die Tür und schrie laut: „Giorgina! – Giorgina!" – Nun rauschte es am Bodenfenster, Giorgina schaute heraus und rief: „Ach Gott! – Ach Gott! Andres, bist du es? Gepriesen sei die Macht des Himmels, daß du nur wieder da bist." Als Andres nun durch die geöffnete Tür eintrat, fiel ihm sein Weib totenbleich und laut heulend in die Arme. Regungslos stand er da; endlich faßte er sein Weib, die mit erschlafften Gliedern zu Boden sinken wollte, und trug sie in die Stube. Aber wie mit eisigen Krallen packte ihn das Entsetzen bei dem gräßlichen Anblick. Die ganze Stube voller Blutflecke an dem Boden, an den Wänden, sein jüngster Knabe mit zerschnittener Brust tot auf seinem Bettchen. – „Wo ist George, wo ist George?" schrie Andres endlich auf in wilder Verzweiflung, aber in dem Augenblick hörte er, wie der Knabe die Treppe herabtrippelte und nach dem Vater rief. – Zerbrochene Gläser, Flaschen, Teller lagen umher. Der große schwere Tisch, sonst an der Wand stehend, war in die Mitte des Zimmers gerückt, eine sonderbar geformte Kohlpfanne, mehrere Phiolen und eine Schüssel mit geronnenem Blut standen auf demselben. Andres nahm sein armes Knäblein aus dem Bette. Giorgina verstand ihn, sie holte Tücher herbei, in die sie den Leichnam wickelten und im Garten begruben. Andres schnitt ein kleines Kreuz aus Eichenholz und setzte es auf den Grabhügel. Kein Wort, kein Laut entfloh den Lippen der unglücklichen Eltern. In dumpfem düsterem Schweigen hatten sie die Arbeit vollendet und saßen nun vor dem Hause in der Abenddämmerung, den starren Blick in die Ferne gerichtet. Erst den

andern Tag konnte Giorgina den Verlauf dessen, was sich in Andres'
Abwesenheit zugetragen, erzählen. Am vierten Tage, nachdem
Andres sein Haus verlassen, hatte der Knecht zur Mittagszeit wieder
allerlei verdächtige Gestalten durch den Wald wanken gesehen und
Giorgina deshalb des Mannes Rückkehr herzlich gewünscht. Mitten
in der Nacht wurde sie durch lautes Toben und Schreien dicht vor
dem Hause aus dem Schlafe geweckt, der Knecht stürzte herein und
verkündete voller Schreck, daß das ganze Haus von Räubern
umringt und an eine Gegenwehr gar nicht zu denken sei. Die
Doggen wüteten, aber bald schien es, als würden sie beschwichtigt,
und man rief laut: „Andres! – Andres!" – Der Knecht faßte sich ein
Herz, öffnete ein Fenster und rief herab, daß der Revierjäger Andres
nicht zu Hause sei. „Nun, es tut nichts", antwortete eine Stimme
von unten herauf, „öffne nur die Tür, denn wir müssen bei euch
einkehren, Andres wird bald nachfolgen." Was blieb dem Knecht
übrig, als die Tür zu öffnen; da strömte der helle Haufe der Räuber
herein und begrüßte Giorgina als die Frau ihres Kameraden, dem
der Hauptmann Freiheit und Leben zu danken habe. Sie verlangten,
daß Giorgina ihnen ein tüchtiges Essen bereiten möge, weil sie
nachts ein schweres Stück Arbeit vollbracht, das aber herrlich
gelungen sei. Zitternd und bebend machte Giorgina in der Küche
ein großes Feuer an und bereitete das Mahl, wozu sie Wildpret, Wein
und allerlei andere Ingredienzien von einem der Räuber empfing,
der der Küchen- und Kellermeister der Bande zu sein schien. Der
Knecht mußte den Tisch decken und das Geschirr herbeibringen.
Er nahm den Augenblick wahr und schlich sich fort zu seiner Frau
in die Küche. „Ach, wißt Ihr wohl", fing er voller Entsetzen an,
„was für eine Tat die Räuber in dieser Nacht verübt haben? Nach
langer Abwesenheit und nach langer Vorbereitung haben sie vor
etlichen Stunden das Schloß des Herrn Grafen von Vach überfallen
und nach tapferer Gegenwehr mehrere seiner Leute und ihn selbst
getötet, das Schloß aber angezündet." Giorgina schrie unaufhörlich:
„Ach, mein Mann, wenn mein Mann nur auf dem Schlosse gewesen
wäre – ach, der arme Herr!" – Die Räuber tobten und sangen
unterdessen in der Stube und ließen sich den Wein wohlschmecken,

28

bis ihnen das Mahl aufgetragen wurde. Der Morgen fing schon an zu dämmern, als der verhaßte Denner erschien; nun wurden die Kisten und Felleisen, die sie auf ihren Packpferden mitgebracht hatten, geöffnet. Giorgina hörte, wie sie vieles Geld zählten und wie die Silbergeschirre klirrten; es schien alles verzeichnet zu werden. Endlich, als es schon lichter Tag geworden, brachen die Räuber auf, nur Denner blieb zurück. Er nahm eine freundliche leutselige Miene an und sprach zu Giorgina: „Ihr seid wohl recht erschreckt worden, liebe Frau; denn Euer Mann scheint Euch nicht gesagt zu haben, daß er schon seit geraumer Zeit unser Kamerad geworden. Es tut mir in der Tat leid, daß er nicht zu Hause gekommen ist; er muß einen andern Weg eingeschlagen und uns verfehlt haben. Er war mit uns auf dem Schlosse des Bösewichts, des Grafen von Vach, der uns vor zwei Jahren auf alle nur mögliche Weise verfolgt hat und an dem in voriger Nacht wir Rache nahmen. – Er fiel, kämpfend, von Eures Mannes Hand. Beruhigt Euch nur, liebe Frau, und sagt dem Andres, daß er mich nun so bald nicht wieder sehen würde, da die Bande sich auf einige Zeit trennt. Heute abend verlasse ich Euch. – Ihr habt lauter hübsche Kinder, liebe Frau! Das ist ja wieder ein herrlicher Knabe." Mit diesen Worten nahm er den Kleinen von Giorginas Arm und wußte mit ihm so freundlich zu spielen, daß das Kind lachte und jauchzte und gern bei ihm blieb, bis er es wieder der Mutter zurückgab. Schon war es Abend geworden, als Denner zu Giorgina sagte: „Ihr merkt wohl, daß ich, unerachtet ich kein Weib und keine Kinder habe, welches mir manchmal recht nahegeht, doch gar zu gern mit kleinen Kindern spiele und tändle. Gebt mir doch Euern Kleinen auf die wenigen Augenblicke, die ich noch bei Euch zubringe. Nicht wahr, der Kleine ist jetzt gerade neun Wochen alt." Giorgina bejahte das und gab, jedoch nicht ohne inneres Widerstreben, den kleinen Knaben Dennern hin, der sich mit ihm vor die Haustür setzte und Giorgina bat, ihm nun das Abendessen zu bereiten, weil er in einer Stunde fortmüßte. Kaum war Giorgina in die Küche getreten, als sie sah, wie Denner mit dem Kinde auf dem Arm in die Stube ging. Bald darauf verbreitete sich ein seltsam riechender Dampf durch das Haus, der aus der Stube zu quirlen schien. Giorgina wurde von unbeschreiblicher Angst ergriffen; sie lief schnell nach der Stube und fand die Tür von innen verriegelt. Es war ihr, als höre sie das Kind leise wimmern. „Rette, rette mein Kind aus den Klauen des Bösewichts!" so schrie sie, eine gräßliche Tat ahnend, dem Knecht entgegen, der eben in das Haus trat. Dieser ergriff schnell die Axt und sprengte die Tür. Dicker stinkender Dampf schlug ihnen entgegen. Mit einem Sprunge war Giorgina im Zimmer; der Knabe lag nackt über einer Schüssel, in die sein Blut tröpfelte. Sie sah nur noch, wie der Knecht mit der Axt ausholte, um den Denner zu treffen, wie dieser dem Schlage auswich, den Knecht unterlief und mit ihm rang. Es war ihr, als höre sie jetzt mehrere Stimmen dicht vor den Fenstern, bewußtlos sank sie zu Boden. Als sie wieder erwachte, war es finstre Nacht worden, aber ganz betäubt, vermochte sie nicht die erstarrten Glieder zu regen. Endlich wurde es Tag, und nun sah sie mit Entsetzen, wie das Blut im Zimmer schwamm. Stücke von Denners Kleidern lagen überall umher – ein ausgerissener Schopf von des Knechts Haaren – die Axt blutig daneben – der Knabe vom Tische herabgeschleudert mit zerschnittener Brust. Aufs neue wurde Giorgina ohnmächtig, sie glaubte zu sterben, aber sie erwachte wie aus dem Todesschlummer, als es schon Mittag geworden. Sie raffte sich mühsam auf, sie rief laut den Georg, aber als niemand antwortete, glaubte sie, auch Georg sei ermordet. Die Verzweiflung gab ihr Kräfte, sie floh aus dem Zimmer in den Hof und schrie laut: „Georg! – Georg!" Da antwortete es mit matter kläglicher Stimme vom Bodenfenster herab: „Mutter, ach, liebe Mutter, bist du denn da? Komm herauf zu mir! mich hungert sehr!" – Schnell sprang jetzt Giorgina hinauf und fand den Kleinen, der vor Angst bei dem Lärm im Hause in die Bodenkammer gekrochen war und nicht gewagt hatte herauszukommen. Mit Entzücken drückte Giorgina den Kleinen an die Brust. Sie verschloß das Haus und wartete nun von Stunde zu Stunde in der Bodenkammer auf Andres, den sie auch verloren glaubte. Der Knabe hatte von oben herab gesehen, wie mehrere Männer ins Haus gingen und mit Dennern einen toten Menschen heraustrugen. – Endlich bemerkte auch Giorgina das Geld und die schönen Sachen, die Andres mitgebracht hatte. „Ach, so ist es doch wahr?" schrie sie entsetzt auf, „so bist du doch –". Andres ließ sie nicht ausreden, sondern erzählte ausführlich, welches Glück sie betroffen und wie er in Frankfurt gewesen sei, wo er sich ihre Erbschaft habe auszahlen lassen. Der Neffe des ermordeten Grafen von Vach war nun Besitzer der Güter worden; bei diesem wollte sich Andres melden, getreulich alles Geschehene erzählen, Denners Schlupfwinkel entdecken und bitten, ihn seines Dienstes zu entlassen, der ihm so viel Not und Gefahr bringe. Giorgina durfte mit dem Knaben im Hause nicht zurückbleiben. Andres beschloß daher, seine besten, leicht fortzuschaffenden Sachen auf einen kleinen Leiterwagen zu packen, das Pferd vorzuspannen und so mit seinem Weibe und Kinde eine Gegend auf immer zu verlassen, die ihm nur die schrecklichsten Erinnerungen erregen und überdem niemals Ruhe und Sicherheit gewähren konnte. Der dritte Tag war zur Abreise bestimmt, und eben packten sie einen Kasten, als ein starkes Pferdegetrappel immer näher und näher kam. Andres erkannte den Vachschen Förster, der bei dem Schlosse wohnte; hinter ihm ritt ein Kommando fuldaischer Dragoner. „Nun, da finden wir ja den Bösewicht gerade bei der Arbeit, seinen Raub in Sicherheit zu bringen", rief der Kommissarius des Gerichts, der mitgekommen. Andres erstarrte vor Staunen und Schreck. Giorgina war halb ohnmächtig. Sie fielen über ihn her, banden ihn und sein Weib mit Stricken und warfen sie auf den Leiterwagen, der schon vor dem Hause stand. Giorgina jammerte laut um den Knaben und flehte um Gottes willen, daß man ihn ihr mitgeben möge. „Damit du deine Brut auch noch ins höllische Verderben bringen kannst?" sprach der Kommissarius und riß den Knaben mit Gewalt aus Giorginas Armen. Schon sollte es fortgehen, da trat der alte Förster, ein rauher, aber biederer Mann, noch einmal an den Wagen und sagte: „Andres, Andres, wie hast du dich denn von dem Satan verlocken lassen, solche Freveltaten zu begehen? Immer warst du ja sonst so fromm und ehrlich!" – „Ach, lieber Herr!" schrie Andres auf im höchsten Jammer, „so wahr Gott im Himmel lebt, so wie ich dereinst selig zu sterben hoffe, ich bin unschuldig. Ihr habt mich ja gekannt von früher Jugend her; wie sollte ich, der ich niemals Unrechtes getan, solch ein abscheulicher Bösewicht geworden sein? – denn ich weiß wohl, daß Ihr mich für einen verruchten Räuber und Teilnehmer an der Freveltat haltet, die auf dem Schlosse meines geliebten unglücklichen Herrn verübt worden ist. Aber ich bin unschuldig, bei meinem Leben und meiner Seligkeit!" – „Nun", sagte der alte Förster, „wenn du unschuldig bist, so wird das an den Tag kommen, mag auch noch so viel wider dich sprechen. Deines Knaben und des Besitztums, was du zurücklässest, will ich mich getreulich annehmen, so daß, wenn deine und deines Weibes Unschuld erwiesen, du den Jungen frisch und munter und deine Sachen unversehrt wiederfinden sollst." Das Geld nahm der Kommissarius des Gerichts in Beschlag. Unterweges frug Andres Giorginen, wo sie denn das Kästchen verwahrt habe; sie gestand, wie es ihr jetzt leid tue, daß sie es dem Denner überliefert, da es jetzt der Obrigkeit hätte übergeben werden können. In Fulda trennte man den Andres von seinem Weibe und warf ihn in ein tiefes finstres Gefängnis. Nach einigen Tagen wurde er zum Verhör geführt. Man beschuldigte ihn der Teilnahme an dem im Vachschen Schlosse verübten Raubmorde und ermahnte ihn, die Wahrheit zu gestehen, da schon alles wider ihn so gut als ausgemittelt sei. Andres erzählte nun getreulich alles, was sich mit ihm zugetragen, von dem ersten Eintritt des abscheulichen Denners in sein Haus bis zu dem Augenblick seiner Verhaftung. Er klagte sich selbst voll Reue des einzigen Vergehens an, daß er, um Weib und Kind zu retten, bei der Plünderung des Pachters zugegen war und den Denner von der Gefangennehmung befreite, und beteuerte seine gänzliche Unschuld rücksichts des letzten von der Dennerschen Bande verübten Raubmordes, da er zu ebenderselben Zeit in Frankfurt gewesen sei. Jetzt öffneten sich die Türen des Gerichtssaals, und der abscheuliche Denner wurde hereingeführt. Als er den Andres erblickte, lachte er auf in teuflischem Hohn und sprach: „Nun, Kamerad, hast du dich auch erwischen lassen? Hat dir deines Weibes Gebet denn nicht herausgeholfen?" Die Richter forderten Dennern auf, sein Bekenntnis rücksichts des Andres zu wiederholen, und er sagte aus, daß ebender Vachsche Revierjäger Andres, der jetzt vor ihm stehe, schon seit fünf Jahren mit ihm verbunden und das Jägerhaus sein bester und sicherster Schlupfwinkel gewesen sei. Andres habe immer den ihm gebührenden Anteil vom Raube erhalten, wiewohl er nur zweimal tätig bei den Räubereien mitgewirkt. Einmal nämlich bei der Beraubung des Pachters, wo er ihn, den Denner, aus der dringendsten Gefahr errettet, und dann bei dem Unternehmen gegen den Grafen Aloys von Vach, der eben durch einen glücklichen Schuß des Andres getötet worden sei. – Andres geriet in Wut, als er diese schändliche Lüge hörte. „Was?" schrie er, „du verruchter teuflischer Bösewicht, du wagst es, mich der Ermordung meines lieben armen Herrn anzuklagen, die du selbst verübt? – Ja! ich weiß es, nur du selbst bist solcher Tat fähig; aber deine Rache verfolgt mich, weil ich aller Gemeinschaft mit dir entsagt habe, weil ich drohte, dich als einen verruchten Räuber und Mörder niederzuschießen, sowie du meine Schwelle betreten würdest. Darum hast du mit deiner Bande mein Haus überfallen, als ich abwesend war; darum hast du mein armes unschuldiges Kind und meinen braven Knecht ermordet! – Aber du wirst der schrecklichen Strafe des gerechten Gottes nicht entgehen, sollte ich auch deiner Bosheit unterliegen." Nun wiederholte Andres sein voriges Bekenntnis unter den heiligsten Beteurungen der Wahrheit; aber Denner lachte höhnisch und meinte, warum er denn aus allzugroßer Furcht vor dem Tode noch erst das Gericht zu belügen sich unterfange und daß es sich schlecht mit der Frömmigkeit, von der er so viel Aufhebens mache, vereinbare, daß er Gott und die Heiligen zur Bekräftigung seiner falschen Aussagen anrufe. Die Richter wußten in der Tat nicht, was sie von dem Andres, dessen Miene und Sprache die Wahrheit seiner Aussage zu bestätigen schien, sowie von Denners kalter Festigkeit denken sollten. – Nun wurde Giorgina vorgeführt, die in namenlosem Jammer laut weinend auf den Mann zustürzte. Sie wußte nur Unzusammenhängendes zu erzählen, und unerachtet sie den Denner des entsetzlichen Mordes ihres Knaben anklagte, schien Denner doch keineswegs entrüstet, sondern behauptete, wie er schon früher getan, daß Giorgina nie etwas von

33

den Unternehmungen ihres Mannes gewußt habe, sondern ganz unschuldig sei. Andres wurde in sein Gefängnis zurückgeführt. Einige Tage nachher sagte ihm der ziemlich gutmütige Gefangenwärter, daß sein Weib, da sowohl Denner als die übrigen Räuber fortwährend ihre Unschuld behauptet, sonst auch nichts wider sie ausgemittelt worden, der Haft entlassen sei. Der junge Graf von Vach, ein edelmütiger Herr, der sogar an seiner, des Andres, Schuld zu zweifeln scheine, habe Kaution gestellt und der alte Förster Giorginen in einem schönen Wagen abgeholt. Vergebens habe Giorgina gebeten, ihren Mann sehen zu dürfen; das sei ihr vom Gericht gänzlich abgeschlagen worden. Den armen Andres tröstete diese Nachricht nicht wenig, da mehr als sein Unglück ihm seines Weibes elender Zustand im Gefängnis zu Herzen ging. Sein Prozeß verschlimmerte sich indessen von Tage zu Tage. Es war erwiesen, daß eben, wie Denner es angegeben, seit fünf Jahren Andres in einen gewissen Wohlstand geriet, dessen Quelle nur die Teilnahme an den Räubereien sein konnte. Ferner gestand Andres selbst seine Abwesenheit von Hause während der auf dem Vachschen Schlosse verübten Tat, und seine Angabe wegen seiner Erbschaft und seines Aufenthalts in Frankfurt blieb verdächtig, weil er den Namen des Kaufmanns, von dem er das Geld ausgezahlt erhalten haben wollte, durchaus nicht anzugeben wußte. Der Bankier des Grafen von Vach sowie der Hauswirt in Frankfurt, bei dem Andres eingekehrt war, versicherten einstimmig, wie sie sich des beschriebenen Revierjägers gar nicht erinnern könnten; der Gerichtshalter des Grafen von Vach, der das Zertifikat für den Andres ausgefertigt hatte, war gestorben, und niemand von den Vachschen Dienern wußte etwas von der Erbschaft, da der Graf nichts davon geäußert, Andres aber auch davon geschwiegen, weil er, aus Frankfurt zurückkehrend, sein Weib mit dem Gelde überraschen wollte. So blieb alles, was Andres vorbrachte, um nachzuweisen, daß er zur Zeit des Raubes in Frankfurt gewesen und das Geld ehrlich erworben sei, unausgemittelt. Denner blieb dagegen bei seiner frühern Behauptung, und ihm stimmten sämtliche Räuber, die eingefangen worden, in allem bei. Alles dieses hätte aber die Richter noch nicht so von der Schuld des unglücklichen Andres überzeugt als die Aussage von zwei Vachschen Jägern, die bei dem Schein der Flammen ganz genau den Andres erkannt und gesehen haben wollten, wie von ihm der Graf niedergestreckt wurde. Nun war Andres in den Augen des Gerichts ein verstockter heuchlerischer Bösewicht, und gestützt auf das Resultat aller jener Aussagen und Beweise, wurde ihm die Tortur zuerkannt, um seinen starren Sinn zu beugen und ihn zum Geständnis zu bringen. Schon über ein Jahr schmachtete Andres im Kerker, der Gram hatte seine Kräfte aufgezehrt, und sein sonst robuster starker Körper war schwach und ohnmächtig geworden. Der schreckliche Tag, an dem die Pein ihm das Geständnis einer Tat, welche er niemals begangen, abdringen sollte, kam heran. Man führte ihn in die Folterkammer, wo die entsetzlichen, mit sinnreicher Grausamkeit erfundenen Instrumente lagen und die Henkersknechte sich bereiteten, den Unglücklichen zu martern. Nochmals wurde Andres ermahnt, die Tat, deren er so dringend verdächtig, ja deren er durch das Zeugnis jener Jäger überführt worden, zu gestehen. Er beteuerte wiederum seine Unschuld und wiederholte alle Umstände seiner Bekanntschaft mit Dennern in denselben Worten, wie er es im ersten Verhör getan. Da ergriffen ihn die Knechte, banden ihn mit Stricken und marterten ihn, indem sie seine Glieder ausrenkten und Stacheln einbohrten in das gedehnte Fleisch. Andres vermochte nicht die Qual zu ertragen: vom Schmerz gewaltsam zerrissen, den Tod wünschend, gestand er alles, was man wollte, und wurde ohnmächtig in den Kerker zurückgeschleppt. Man stärkte ihn, wie es nach erlittener Tortur gewöhnlich, mit Wein, und er fiel in einen zwischen Wachen und Schlafen hinbrütenden Zustand. Da war es ihm, als lösten sich die Steine aus der Mauer und als fielen sie krachend herab auf den Boden des Kerkers. Ein blutroter Schimmer drang durch, und in ihm trat eine Gestalt hinein, die, unerachtet sie Denners Züge hatte, ihm doch nicht Denner zu sein schien. Glühender funkelten die Augen, schwärzer starrte das struppige Haar auf der Stirn empor, und tiefer senkten sich die finstern Augenbrauen in die dicke Muskel

35

herab, die über der krummgebogenen Habichtsnase lag. Auf gräßlich seltsame Weise war das Gesicht verschrumpft und verzerrt und die Kleidung fremd und abenteuerlich, wie er Dennern niemals gesehen. Ein feuerroter, mit Gold stark verbrämter weiter Mantel hing in bauschichten Falten der Gestalt über die Schultern, ein breiter niedergekrempter spanischer Hut mit herabhängender roter Feder saß schief auf dem Kopfe, ein langer Stoßdegen hing an der Seite, und unter dem linken Arm trug die Gestalt ein kleines Kistchen. So schritt der gespenstische Unhold auf Andres zu, in hohlem dumpfen Tone sprechend: „Nun, Kamerad, wie hat dir die Folter geschmeckt? Du hast das alles bloß deinem Eigensinn zu verdanken; hättest du dich als zur Bande gehörig bekannt, so wärst du nun schon gerettet. Versprichst du aber, dich mir und meiner Leitung ganz zu ergeben, und gewinnst du es über dich, von diesen Tropfen zu trinken, die aus deines Kindes Herzblut gekocht sind, so bist du augenblicklich aller Qual entledigt. Du fühlst dich gesund und kräftig, und für deine weitere Rettung will ich dann sorgen." – Andres konnte vor Schreck, Angst und Ermattung nicht sprechen; er sah, wie seines Kindes Blut in der Phiole, die ihm die Gestalt hinhielt, in roten Flämmchen spielte; inbrünstig betete er zu Gott und den Heiligen, daß sie ihn retten möchten aus den Klauen des Satans, der ihn verfolge und um die ewige Seligkeit bringen wolle, die er zu erlangen hoffe, sollte er auch eines schimpflichen Todes sterben. Nun lachte die Gestalt, daß es im Kerker widergellte, und verschwand im dicken Dampf. Andres erwachte endlich aus dumpfer Betäubung, er vermochte sich aufzurichten vom Lager; aber wie ward ihm, als er sah, daß das Stroh, was unter seinem Haupte gelegen, sich stärker und stärker zu rühren begann und endlich weggeschoben wurde. Er gewahrte, daß ein Stein aus dem Fußboden von unten herausgedrängt worden, und hörte mehrmals seinen Namen leise rufen. Er erkannte Denners Stimme und sprach: „Was willst du von mir? Laß mich ruhen, ich habe mit dir nichts zu schaffen!" – „Andres", sprach Denner, „ich bin durch mehrere Gewölbe gedrungen, um dich zu retten; denn, wenn du auf den Richtplatz kommst, von dem ich errettet wurde, bist du verloren.

Bloß um deines Weibes willen, die mir mehr angehört, als du wohl denken magst, helfe ich dir. Du bist ein mutloser Feigling. Was hat dir nun dein erbärmliches Leugnen gefruchtet? Bloß daß du vom Vachschen Schloß nicht zu rechter Zeit nach Hause zurückkehrtest und ich mich zu lange bei deinem Weibe aufhielt, ist schuld, daß man mich auffing. Da! nimm die Feile und die Säge, befreie dich in künftiger Nacht von den Ketten und durchsage das Schloß der Kerkertüre; schleiche durch den Gang! Die äußere Tür linker Hand wird offenstehn, und draußen wirst du einen von uns finden, der dich weitergeleitet. Halte dich gut!" Andres nahm die Säge und die Feile, die ihm Denner hineinreichte, und hob dann den Stein wieder in die Öffnung. Er war entschlossen, *das* zu tun, wozu ihn die innere Stimme des Gewissens aufforderte. – Als es Tag geworden und der Gefangenwärter hineintrat, da sagte er, wie er sehnlich wünsche, vor den Richter geführt zu werden, indem er Wichtiges zu entdecken habe. Noch an demselben Vormittage wurde sein Verlangen erfüllt, weil man nicht anders glaubte, als daß Andres neue, bisher noch unbekannt gebliebene Freveltaten der Bande gestehen werde. Andres überreichte den Richtern die von Dennern erhaltenen Instrumente und erzählte den Vorgang der Nacht. „Unerachtet ich gewiß und wahrhaftig unschuldig leide, so soll mich doch Gott behüten, daß ich darnach trachten sollte, meine Freiheit auf unerlaubte Weise zu erlangen; denn das würde mich ja dem verruchten Denner, der mich in Schande und Tod gestürzt hat, in die Hände liefern und ich dann erst durch mein sündliches freveliches Unternehmen die Strafe verdienen, die ich jetzt unschuldig leiden werde." So beschloß Andres seinen Vortrag. Die Richter schienen erstaunt und von Mitleid für den Unglücklichen durchdrungen, wiewohl sie durch die mannigfachen Tatsachen, die wider ihn sprachen, zu sehr von seiner Schuld überzeugt waren, um sein jetziges Benehmen nicht auch für zweifelhaft zu halten. Die Aufrichtigkeit des Andres und vorzüglich der Umstand, daß nach jener Anzeige der von Denner beabsichtigten Flucht in der Stadt, und zwar in der nächsten Umgebung des Gefängnisses, wirklich noch einige von der Bande ertappt und aufgegriffen wurden, hatte jedoch den wohltätigen Einfluß auf ihn, daß er aus dem unterirdischen Kerker, in den er gesperrt gewesen, herausgenommen wurde, und eine lichte Gefängnisstube neben der Wohnung des Gefangenwärters erhielt. Da brachte er seine Zeit mit Gedanken an sein treues Weib, an seinen Knaben und mit gottseligen Betrachtungen hin, und bald fühlte er sich ermutigt, das Leben auch auf schmerzliche Weise, wie ein Bürde, abzuwerfen. Nicht genug konnte sich der Gefangenwärter über den frommen Verbrecher wundern, und er mußte notgedrungen beinahe an seine Unschuld glauben.

Endlich, nachdem beinahe noch ein Jahr verflossen, war der schwierige verwickelte Prozeß wider Denner und seine Mitschuldigen geschlossen. Es hatte sich gefunden, daß die Bande bis an die Grenze von Italien ausgebreitet war und schon seit geraumer Zeit überall raubte und mordete. Denner sollte gehängt, und dann sein Körper verbrannt werden. Auch dem unglücklichen Andres war der Strang zuerkannt; seiner Reue halber und da er durch das Bekenntnis der ihm von Denner geratenen Flucht die Entdeckung des Anschlags der Bande, durchzubrechen, veranlaßt hatte, durfte jedoch sein Körper herabgenommen und auf der Gerichtsstätte verscharrt werden.

Der Morgen, an dem Denner und Andres hingerichtet werden sollten, war angebrochen; da ging die Tür des Gefängnisses auf, und der junge Graf von Vach trat hinein zum Andres, der auf den Knien lag und still betete. „Andres", sprach der Graf, „du mußt sterben. Erleichtere dein Gewissen noch durch ein offnes Geständnis! Sage mir, hast du deinen Herrn getötet? Bist du wirklich der Mörder meines Oheims?" – Da stürzten dem Andres die Tränen aus den Augen, und er wiederholte nochmals alles, was er vor Gericht ausgesagt, ehe ihm die unleidliche Qual der Tortur eine Lüge auspreßte. Er rief Gott und die Heiligen an, die Wahrheit seiner Aussage und seine gänzliche Unschuld an dem Tode des geliebten Herrn zu bekräftigen.

„So ist hier", fuhr der Graf von Vach fort, „ein unerklärliches Geheimnis im Spiele. Ich selbst, Andres, war von deiner Unschuld überzeugt, unerachtet vieles wider dich sprach; denn ich wußte ja, daß du von Jugend auf der treuste Diener meines Oheims gewesen bist und ihn selbst einmal in Neapel mit Gefahr deines Lebens aus Räuberhänden gerettet hast. Allein, nur noch gestern haben mir die beiden alten Jäger meines Oheims Franz und Nikolaus geschworen, daß sie dich leibhaftig unter den Räubern gesehen und genau bemerkt hätten, wie du selbst meinen Oheim niederstrecktest." Andres wurde von den peinlichsten, schrecklichsten Gefühlen durchbohrt; es war ihm, als wenn der Satan selbst seine Gestalt angenommen habe, um ihn zu verderben; denn auch Denner hatte ja sogar im Kerker davon gesprochen, daß er den Andres wirklich gesehen, und so schien selbst die falsche Beschuldigung vor Gericht auf innerer wahrer Überzeugung zu beruhen. Andres sagte dies alles unverhohlen, indem er hinzusetzte, daß er sich der Schickung des Himmels ergebe, nach welcher er den schmählichen Tod eines Verbrechers sterben solle, daß aber, sei es auch lange Zeit nachher, seine Unschuld gewiß an den Tag kommen werde. Der Graf von Vach schien tief erschüttert; er konnte kaum noch dem Andres sagen, daß, nach seinem Wunsche der Tag der Hinrichtung seinem unglücklichen Weibe verschwiegen geblieben sei und daß sie sich nebst dem Knaben bei dem alten Förster aufhalte. Die Rathausglocke erklang dumpf und schauerlich in abgemessenen Pulsen. Andres wurde angekleidet, und der Zug ging mit den gewöhnlichen Feierlichkeiten unter dem Zuströmen unzähligen Volks nach der Richtstätte. Andres betete laut und rührte durch sein frommes Betragen alle, die ihn sahen. Denner hatte die Miene des trotzigen verstockten Bösewichts. Er schaute munter und kräftig um sich und lachte oft den armen Andres tückisch und schadenfroh an. Andres sollte zuerst hingerichtet werden; er bestieg gefaßt mit dem Henker die Leiter, da kreischte ein Weib auf und sank ohnmächtig einem alten Mann in die Arme. Andres blickte hin, es war Giorgina; laut erflehte er vom Himmel Fassung und Stärke. „Dort, dort sehe ich dich wieder, mein armes unglückliches Weib, ich sterbe unschuldig!" rief er, indem er den Blick sehnsuchtsvoll zum Himmel erhob. Der Richter rief dem Henker zu, er möge sich fördern, denn es entstand ein Murren unter dem Volke, und es flogen Steine nach Dennern, der ebenfalls schon die Leiter bestiegen hatte und die Zuschauer verhöhnte ob ihres Mitleids mit dem frommen Andres. Der Henker legte dem Andres den Strick um den Hals, da scholl es aus der Ferne her: „Halt – halt – um Christus willen, halt! – Der Mann ist unschuldig! – ihr richtet einen Unschuldigen hin!" – „Halt – halt!" schrien tausend Stimmen, und kaum vermochte die Wache zu steuern dem Volk, das hinzudrang und den Andres von der Leiter herabreißen wollte. Näher sprengte nun der Mann zu Pferde, der erst gerufen hatte, und Andres erkannte auf den ersten Blick in dem Fremden den Kaufmann, der ihm in Frankfurt Giorginas Erbschaft ausgezahlt hatte. Seine Brust wollte zerspringen vor Freude und Seligkeit, kaum konnte er sich aufrecht erhalten, als er von der Leiter herabgestiegen. Der Kaufmann sagte dem Richter, daß zu derselben Zeit, als der Raubmord im Vachschen Schlosse verübt worden, Andres in Frankfurt, also viele Meilen davon entfernt, gewesen sei und daß er dies vor Gericht auf die unzweifelhafteste Weise durch Urkunden und Zeugen dartun wolle. Da rief der Richter: „Die Hinrichtung des Andres kann keineswegs geschehen; denn dieser höchstwichtige Umstand beweiset, wenn er ausgemittelt wird, die völlige Unschuld des Angeklagten. Man führe ihn sogleich nach dem Gefängnisse zurück." Denner hatte alles von der Leiter herab ruhig angesehen; als aber der Richter diese Worte gesprochen, da rollten seine glühenden Augen, er knirschte mit den Zähnen, er heulte in wilder Verzweiflung, daß es gräßlich, wie der namenlose Jammer des wütenden Wahnsinns, durch die Lüfte hallte: „Satan, Satan! du hast mich betrogen – weh mir! weh mir! es ist aus – aus – alles verloren!" Man brachte ihn von der Leiter herab, er fiel zu Boden und röchelte dumpf: „Ich will alles bekennen – ich will alles bekennen!" Auch *seine* Hinrichtung wurde verschoben und er ins Gefängnis zurückgeführt, wo ihm jedes Entspringen unmöglich gemacht worden. Der Haß seiner Wächter war die beste Schutzwehr gegen die Schlauheit seiner Verbündeten. – Wenige Augenblicke nachher, als Andres bei dem Gefangenenwärter angekommen, lag Giorgina in seinen Armen. „Ach Andres, Andres", rief sie, „nun habe ich dich ganz wieder, da ich weiß, daß du unschuldig bist; denn auch ich habe an deiner Redlichkeit, an deiner Frömmigkeit gezweifelt!" – Unerachtet man Giorginen den Tag der Hinrichtung verschwiegen, war sie doch,von unbeschreiblicher Angst, von seltsamer Ahnung getrieben, nach Fulda geeilt und gerade auf die Richtstätte gekommen, als ihr Mann die verhängnisvolle Leiter bestieg, die ihn zum Tode führen sollte. Der Kaufmann war die ganze lange Zeit der Untersuchung über auf Reisen in Frankreich und Italien gewesen und jetzt über Wien und Prag zurückgekehrt. Der Zufall, oder vielmehr eine besondere Schickung des Himmels, wollte, daß er gerade in dem entscheidendsten Augenblick auf dem Richtplatze ankam und den armen Andres von dem schmählichen Tode des Verbrechers rettete. Im Gasthofe erfuhr er die ganze Geschichte des Andres,und es fiel ihm gleich schwer aufs Herz, daß Andres wohl derselbe Revierjäger sein könne, der vor zwei Jahren eine Erbschaft, die seinem Weibe von Neapel aus zugefallen, erhob. Schnell eilte er fort und überzeugte sich, als er nur Andres sah, sogleich von der Wahrheit seiner Vermutung. Durch die eifrigen Bemühungen des wackern Kaufmanns und des jungen Grafen von Vach wurde Andres' Aufenthalt in Frankfurt bis auf die Stunde ausgemittelt, dadurch aber seine völlige Unschuld an dem Raubmorde dargetan. Denner selbst gestand nun die Richtigkeit der Angabe des Andres über das Verhältnis mit ihm und meinte nur, der Satan müsse ihn geblendet haben; denn in der Tat hätte er geglaubt, Andres fechte auf dem Vachschen Schloß an seiner Seite. Für die erzwungene Teilnahme an der Ausplünderung des Pachterhofes sowie für die gesetzwidrige Rettung Denners hatte nach dem Ausspruch der Richter Andres genug gebüßt durch das lange harte Gefängnis und durch die ausgestandene Marter und Todesangst; er wurde daher durch Urtel und Recht von jeder weiteren Strafe freigesprochen und eilte mit seiner Giorgina auf das Vachsche Schloß, wo ihm der edle wohltätige Graf im Nebengebäude eine Wohnung einräumte, von ihm nur die geringen Jagddienste fordernd, die des Grafen persönliche Liebhaberei notwendig machte. Auch die Gerichtskosten bezahlte der Graf, so daß Andres und Giorgina in dem ungekränkten Besitz ihres Vermögens blieben.

Der Prozeß wider den verruchten Ignaz Denner nahm jetzt eine ganz andere Wendung. Die Begebenheit auf der Gerichtsstätte schien ihn ganz umgewandelt zu haben. Sein höhnender teuflischer Stolz war gebeugt, und aus seinem zerknirschten Innern brachen Geständnisse hervor, die den Richtern das Haar sträubten. Denner klagte sich selbst mit allen Zeichen tiefer Reue des Bündnisses mit dem Satan an, das er von seiner frühen Jugendzeit unterhalten, und so wurde vorzüglich hierauf die fernere Untersuchung mit dem Zutritt dazu verordneter Geistlichkeit gerichtet. Über seine früheren Lebensverhältnisse erzählte Denner so viel Sonderbares, daß man es für das Erzeugnis wahnsinniger Überspannung hätte halten müssen, wenn nicht durch die Erkundigungen, die man in Neapel, seinem angeblichen Geburtsort, einziehen ließ, alles bestätigt worden wäre. Ein Auszug aus den von dem geistlichen Gericht in Neapel verhandelten Akten ergab über Denners Herkunft folgende merkwürdige Umstände.

Vor langen Jahren lebte in Neapel ein alter wunderlicher Doktor, Trabacchio mit Namen, den man seiner geheimnisvollen, stets glücklichen Kuren wegen insgemein den Wunderdoktor zu nennen pflegte. Es schien, als wenn das Alter nichts über ihn vermöge; denn er schritt rasch und jugendlich daher, unerachtet mehrere Eingeborne ihm nachrechnen konnten, daß er an die achtzig Jahre alt sein müßte. Sein Gesicht war auf eine seltsame grausige Weise verzerrt und verschrumpft, und seinen Blick konnte man kaum ohne innern Schauer ertragen, wiewohl er oft den Kranken wohltat, so daß man sagte, bloß durch den scharf auf den Kranken gehefteten Blick heile er oftmals schwere hartnäckige Übel. Über seinen schwarzen Anzug warf er gewöhnlich einen weiten roten Mantel mit goldnen Tressen und Troddeln, unter dessen bauschichten Falten der lange Stoßdegen hervorragte. So lief er mit einer Kiste seiner Arzneien, die er selbst bereitete, durch die Straßen von Neapel zu seinen Kranken, und jeder wich ihm scheu aus. Nur in der höchsten Not wandte man sich an ihn, aber niemals schlug er es aus, einen Kranken zu besuchen, hatte er dabei auch nicht sonderlichen Gewinn zu hoffen. Mehrere Weiber starben ihm schnell; immer waren sie ausnehmend schön und insgemein Landdirnen gewesen. Er sperrte sie ein und erlaubte ihnen nur unter Begleitung einer alten ekelhaft häßlichen Frau die Messe zu hören. Diese Alte war unbestechlich; jeder noch so listig angelegte Versuch junger Lüstlinge, den schönen Frauen des Doktor Trabacchio näherzukommen, blieb fruchtlos. Unerachtet Doktor Trabacchio von Reichen sich gut bezahlen ließ, so stand doch seine Einnahme mit dem Reichtum an Geld und Kleinodien, den er in seinem Hause aufgehäuft hatte und den er niemanden verhehlte, in keinem Verhältnis. Dabei war er zu Zeiten freigebig bis zur Verschwendung und hatte die Gewohnheit, jedesmal, wenn ihm eine Frau gestorben, ein Gastmahl zu geben, dessen Aufwand wohl doppelt soviel betrug, als die reichste Einnahme, die ihm seine Praxis ein ganzes Jahr hindurch verschaffte. Mit seiner letzten Frau hatte er einen Sohn erzeugt, den er ebenso einsperrte wie seine Weiber; niemand bekam ihn zu sehen. Nur bei dem Gastmahl, das er nach dem Tode dieser Frau gab, saß der kleine dreijährige Knabe an seiner Seite, und alle Gäste waren über die Schönheit und die Klugheit des Kindes erstaunt, das man, verriet sein körperliches Ansehen nicht sein Alter, seinem Benehmen nach wenigstens für zwölfjährig hätte halten können. Eben bei diesem Gastmahl äußerte der Doktor Trabacchio, daß, da nunmehr sein Wunsch, einen Sohn zu haben, erreicht sei, er nicht mehr heiraten werde. Sein übermäßiger Reichtum, aber noch mehr sein geheimnisvolles Wesen, seine wunderbaren Kuren, die bis ins Unglaubliche gingen, da bloß einigen von ihm bereiteten und eingeflößten Tropfen, ja oft bloß seiner Betastung, seinem Blick die hartnäckigsten Krankheiten wichen, gaben endlich Anlaß zu allerlei seltsamen Gerüchten, die sich in Neapel verbreiteten. Man hielt den Doktor Trabacchio für einen Alchimisten, für einen Teufelsbeschwörer, ja man gab ihm endlich schuld, daß er mit dem

43

Satan im Bündnis stehe. Die letzte Sage entstand aus einer seltsamen Begebenheit, die sich mit einigen Edelleuten in Neapel zutrug. Diese kehrten einst spät in der Nacht von einem Gastmahl zurück und gerieten, da sie im Weinrausch den Weg verfehlt, in eine einsame verdächtige Gegend. Da rauschte und raschelte es vor ihnen, und sie wurden mit Entsetzen gewahr, daß ein großer leuchtend-roter Hahn, ein zackicht Hirschgeweihe auf dem Kopfe tragend, mit ausgebreiteten Flügeln daherschritt und sie mit menschlichen funkelnden Augen anstarrte. Sie drängten sich in eine Ecke, der Hahn schritt vorüber, und ihm folgte eine große Figur im glänzenden goldverbrämten Mantel. Sowie die Gestalten vorüber waren, sagte einer von den Edelleuten leise: „Das war der Wunderdoktor Trabacchio." Alle, nüchtern geworden durch den entsetzlichen Spuk, ermutigten sich und folgten dem angeblichen Doktor mit dem Hahn, dessen Leuchten den genommenen Weg zeigte. Sie sahen, wie die Gestalten wirklich auf das Haus des Doktors, das auf einem fernen leeren, öden Platze stand, zuschritten. Vor dem Hause angekommen, rauschte der Hahn in die Höhe und schlug mit den Flügeln an das große Fenster über dem Balkon, das sich klirrend öffnete; die Stimme eines alten Weibes meckerte: „Kommt – kommt nach Haus – kommt nach Haus – warm ist das Bett, und Liebchen wartet lange schon – lange schon!" Da war es, als stiege der Doktor auf einer unsichtbaren Leiter empor und rausche nach dem Hahn durch das Fenster, welches zugeschlagen wurde, daß es die einsame Straße entlang klirrte und dröhnte. Alles war im schwarzen Dunkel der Nacht verschwunden, und die Edelleute standen stumm und starr vor Grausen und Entsetzen. Dieser Spuk, die Überzeugung der Edelleute, daß die Gestalt, der der teuflische Hahn vorleuchtete, niemand anders als der verrufene Doktor Trabacchio gewesen, war für das geistliche Gericht, dem alles zu Ohren kam, genug, dem satanischen Wundermann sorglich in aller Stille nachzuspüren. Man brachte in der Tat heraus, daß in den Zimmern des Doktors sich oft ein roter Hahn befand, mit dem er auf wunderliche Weise zu sprechen und zu disputieren schien, als sprächen Gelehrte über zweifelhafte

Gegenstände ihres Wissens. Das geistliche Gericht war im Begriff, den Doktor Trabacchio einzuziehen als einen verruchten Hexenmeister; aber das weltliche Gericht kam dem geistlichen zuvor und ließ den Doktor durch die Sbirren aufheben und ins Gefängnis schleppen, da er eben von dem Besuch eines Kranken heimkehrte. Die Alte war schon früher aus dem Hause geholt worden, den Knaben hatte man nicht finden können. Die Türen der Zimmer wurden verschlossen und versiegelt, Wachen rings um das Haus gestellt. – Folgendes war der Grund dieses gerichtlichen Verfahrens. Seit einiger Zeit starben mehrere angesehene Personen in Neapel und in der umliegenden Gegend, und zwar nach der Ärzte einstimmigem Urteil an Gift. Dies hatte viele Untersuchungen veranlaßt, die fruchtlos blieben, bis endlich ein junger Mann in Neapel, ein bekannter Lüstling und Verschwender, dessen Oheim vergiftet worden, die gräßliche Tat mit dem Zusatz eingestand, daß er das Gift von dem alten Weibe, der Haushälterin Trabacchios, gekauft habe. Man spürte der Alten nach und ertappte sie, als sie eben ein festverschlossenes kleines Kistchen forttragen wollte, in dem man kleine Phiolen fand, die mit dem Namen von allerlei Arzneimitteln versehen waren, unerachtet sie flüssiges Gift enthielten. Die Alte wollte nichts eingestehen; als man ihr indessen mit der Tortur drohte, da bekannte sie, daß der Doktor Trabacchio schon seit vielen Jahren jenes künstliche Gift, das unter dem Namen Aqua Toffana bekannt sei, bereite und daß der geheime Verkauf dieses Gifts, der durch sie bewirkt worden, beständig seine reichste Erwerbsquelle gewesen. Ferner sei es nur zu gewiß, daß er mit dem Satan im Bündnis stehe, der in verschiedenen Gestalten bei ihm einkehre. Jedes seiner Weiber habe ihm ein Kind geboren, ohne daß es jemand außer dem Hause geahnet. Das Kind habe er denn allemal, nachdem es neun Wochen oder neun Monate alt worden, unter besonderen Zurüstungen und Feierlichkeiten auf unmenschliche Weise geschlachtet, indem er ihm die Brust aufgeschnitten und das Herz herausgenommen. Jedesmal sei der Satan bei dieser Operation, bald in dieser, bald in jener Gestalt, meistens aber als Fledermaus mit menschlicher Larve, erschienen

45

und habe mit breiten Flügeln das Kohlfeuer angefacht, bei dem Trabacchio aus des Kindes Herzblut köstliche Tropfen bereitet, die jeder Siechheit kräftig widerständen. Die Weiber hätte Trabacchio bald nachher auf diese oder jene heimliche Weise getötet, so daß der schärfste Blick des Arztes wohl nie auch die kleinste Spur der Ermordung habe auffinden können. Nur Trabacchios letztes Weib, die ihm einen Sohn geboren, der noch lebe, sei des natürlichen Todes gestorben.

Der Doktor Trabacchio gestand alles unverhohlen ein und schien eine Freude daran zu finden, das Gericht mit den schauerlichen Erzählungen seiner Untaten und vorzüglich der nähern Umstände seines entsetzlichen Bündnisses mit dem Satan in Verwirrung zu setzen. Die Geistlichen, welche dem Gericht beiwohnten, gaben sich alle nur ersinnliche Mühe, den Doktor zur Reue und zur Erkenntnis seiner Sünden zu bringen; aber es blieb vergebens, da Trabacchio sie nur verhöhnte und verlachte. Beide, die Alte und Trabacchio, wurden zum Scheiterhaufen verurteilt. – Man hatte unterdessen das Haus des Doktors untersucht und alle seine Reichtümer hervorgeholt, die, nach Abzug der Gerichtskosten, an die Hospitäler verteilt werden sollten. In Trabacchios Bibliothek fand man nicht ein einziges verdächtiges Buch, und noch viel weniger gab es Gerätschaften, die auf die satanische Kunst, die der Doktor getrieben, hätten hindeuten sollen. Nur ein verschlossenes Gewölbe, dessen viele durch die Mauer herausragende Röhren das Laboratorium verrieten, widerstand, als man es öffnen wollte, aller Kunst und aller Gewalt. Ja, wenn Schlosser und Maurer unter der Aufsicht des Gerichts sich eifrig bemühten, endlich durchzubrechen, so daß wohl der Zweck erreicht worden wäre, da kreischten im Innern des Gewölbes entsetzliche Stimmen, es rauschte auf und nieder, wie mit eiskalten Flügeln schlug es an die Gesichter der Arbeiter, und ein schneidender Zugwind pfiff in gellenden gräßlichen Tönen durch den Gang, so daß, von Grausen und Entsetzen ergriffen, alle flohen und am Ende niemand mehr sich an die Tür des Gewölbes wagen wollte, aus Furcht, wahnsinnig zu werden vor Angst und Schrecken. Den Geistlichen, die sich der Tür nahten, ging es nicht besser, und es blieb nichts übrig, als die Ankunft eines alten Dominikaners aus Palermo zu erwarten, dessen Standhaftigkeit und Frömmigkeit bisher alle Künste des Satans weichen mußten. Als dieser Mönch sich nun in Neapel befand, war er bereit, den teuflischen Spuk in Trabacchios Gewölbe zu bekämpfen, und verfügte sich hin, ausgerüstet mit Kreuz und Weihwasser, begleitet von mehreren Geistlichen und Gerichtspersonen, die aber weit von der Tür entfernt blieben. Der alte Dominikaner ging betend auf die Tür los; aber da erhob sich heftiger das Rauschen und Brausen, und die entsetzlichen Stimmen verworfener Geister lachten gellend heraus. Der Geistliche ließ sich jedoch nicht irremachen; er betete kräftiger, das Kruzifix emporhaltend und die Tür mit Weihwasser besprengend. „Man gebe mir ein Brecheisen!" rief er laut; zitternd reichte es ihm ein Maurerbursche hin, aber kaum setzte es der alte Mönch an die Türe, als sie mit furchtbar erschütterndem Knall aufsprang. Blaue Flammen leckten überall an den Wänden des Gewölbes herauf, und eine betäubende erstickende Hitze strömte aus dem Innern. Demunerachtet wollte der Dominikaner hineintreten; da stürzte der Boden des Gewölbes ein, daß das ganze Haus erdröhnte, und Flammen prasselten aus dem Abgrunde hervor, die wütend um sich griffen und alles ringsumher erfaßten. Schnell mußte der Dominikaner mit seiner Begleitung fliehen, um nicht zu verbrennen oder verschüttet zu werden. Kaum waren sie auf der Straße, als das ganze Haus des Doktor Trabacchio in Flammen stand. Das Volk lief zusammen und jauchzte und jubelte, als es des verruchten Hexenmeisters Wohnung brennen sah, ohne auch nur das mindeste zur Rettung zu tun. Schon war das Dach eingestürzt, das inwendige Holzwerk flammte zu den Wänden heraus, und nur die starken Balken des obern Stocks widerstanden noch der Gewalt des Feuers. Aber vor Entsetzen schrie das Volk auf, als es Trabacchios zwölfjährigen Sohn mit einem Kistchen unter dem Arm einen dieser glimmenden Balken entlang schreiten sah. Nur einen Moment dauerte diese Erscheinung, sie verschwand plötzlich in den hochaufschlagenden Flammen. – Der Doktor Trabacchio schien sich herzinniglich zu freuen, als er diese Begebenheit erfuhr, und ging mit verwegener Frechheit zum Tode. Als man ihn an den Pfahl band, lachte er hell auf und sagte zu dem Henker, der ihn mordlustig recht fest anschnürte: „Sieh dich vor, Geselle, daß diese Stricke nicht an deinen Fäusten brennen." Dem Mönch, der sich ihm zuletzt noch nahen wollte, rief er mit fürchterlicher Stimme zu: „Fort! – zurück von mir! Glaubst du denn, daß ich so dumm sein werde, euch zu Gefallen einen schmerzlichen Tod zu leiden? – noch ist meine Stunde nicht gekommen." – Nun fing das angezündete Holz an zu prasseln; kaum erreichte aber die Flamme den Trabacchio, als es hell aufloderte wie Strohfeuer und von einer fernen Anhöhe ein gellendes Hohngelächter sich hören ließ. Alles schaute hin, und Grausen ergriff das Volk, als es den Doktor Trabacchio leibhaftig in dem schwarzen Kleide, dem goldverbrämten Mantel, den Stoßdegen an der Seite, den niedergekrempten spanischen Hut mit der roten Feder auf dem Kopfe, das Kistchen unter dem Arm, ganz wie er sonst durch die Straßen von Neapel zu laufen pflegte, erblickte. Reiter, Sbirren, hundert andere aus dem Volk stürzten hin nach dem Hügel, aber Trabacchio war und blieb verschwunden. Die Alte gab ihren Geist auf unter den entsetzlichsten Qualen, unter den gräßlichsten Verwünschungen ihres verruchten Herrn, mit dem sie unzählige Verbrechen geteilt.

Der sogenannte Ignaz Denner war nun kein anderer, als ebender Sohn des Doktors, der sich damals durch die höllischen Künste seines Vaters mit einem Kistchen der seltensten und geheimnisvollsten Kostbarkeiten aus den Flammen rettete. Schon seit der frühesten Jugend unterrichtete ihn der Vater in den geheimen Wissenschaften, und seine Seele war dem Teufel verschrieben, noch ehe er sein volles Bewußtsein erlangt. Als man den Doktor Trabacchio ins Gefängnis warf, blieb der Knabe in dem geheimnisvollen verschlossenen Gewölbe unter den verworfenen Geistern, die des Vaters höllischer Zauber hineingebannt; da aber

48

endlich dieser Zauber der Macht des Dominikaners weichen mußte, ließ der Knabe die verborgenen mechanischen Kräfte wirken, und Flammen entzündeten sich, die in wenigen Minuten das ganze Haus in Brand steckten, während der Knabe selbst unversehrt durch das Feuer fort zum Tore hinaus in den Wald eilte, den ihm der Vater bezeichnet hatte. Nicht lange dauerte es, so erschien auch Doktor Trabacchio, und floh schnell mit dem Sohne, bis sie wohl an drei Tagereisen von Neapel in die Ruinen eines alten römischen Gebäudes kamen, wo der Eingang zu einer weiten geräumigen Höhle versteckt lag. Hier wurde der Doktor Trabacchio von einer zahlreichen Räuberbande, mit der er längst in Verbindung gestanden und der er durch seine geheime Wissenschaft die wesentlichsten Dienste geleistet, mit lautem Jubel empfangen. Die Räuber wollten ihn mit nichts Geringerem lohnen als mit der Krönung zum Räuberkönige, wodurch er sich zum Oberhaupt aller Banden, die in Italien und dem südlichen Deutschland verbreitet waren, aufgeschwungen hätte. Der Doktor Trabacchio erklärte, diese Würde nicht annehmen zu können, da er der besondern Konstellation wegen, die über ihn walte, nunmehr ein ganz unstetes Leben führen müsse und von keinem Verhältnis gebunden werden könne; doch werde er noch immer den Räubern mit seiner Kunst und Wissenschaft beistehn und sich dann und wann sehen lassen. Da beschlossen die Räuber, den zwölfjährigen Trabacchio zum Räuberkönige zu wählen, und damit war der Doktor höchlich zufrieden, so daß der Knabe von Stund an unter den Räubern blieb und, als er funfzehn Jahr alt worden, schon als wirkliches Oberhaupt mit ihnen auszog. Sein ganzes Leben war von nun an ein Gewebe von Greueltaten und Teufelskünsten, in welche ihn der Vater, der sich oftmals blicken ließ und zuweilen wochenlang einsam mit seinem Sohne in der Höhle blieb, immer mehr einweihte. Die kräftigen Maßregeln des Königs von Neapel gegen die Räuberbanden, die immer kecker und verwegener wurden, noch mehr aber die entstandenen Zwistigkeiten der Räuber hoben endlich das gefährliche Bündnis unter *einem* Oberhaupte auf, und den Trabacchio selbst, der sich durch seinen Stolz und durch seine

Grausamkeit verhaßt gemacht hatte, konnten seine vom Vater erlernte Teufelskünste nicht vor den Dolchen seiner Untergebenen schützen. Er floh nach der Schweiz, gab sich den Namen Ignaz Denner und besuchte als reisender Kaufmann die Messen und Jahrmärkte in Deutschland, bis sich aus den zerstreuten Gliedern jener großen Bande eine kleinere bildete, die den vormaligen Räuberkönig zu ihrem Oberhaupt wählte. Trabacchio versicherte, wie sein Vater noch zur Stunde lebe, ihn noch im Gefängnis besucht und Rettung von der Gerichtsstätte versprochen habe. Nur dadurch, daß, wie er nun wohl einsehe, göttliche Schickung den Andres vom Tode errettet, sei die Macht seines Vaters entkräftet worden, und er wolle nun als reuiger Sünder allen Teufelskünsten abschwören und geduldig die gerechte Todesstrafe erleiden.

Andres, der alles dieses aus dem Munde des Grafen von Vach erfuhr, zweifelte keinen Augenblick, daß es wohl eben Trabacchios Bande gewesen, die ehemals im Neapolitanischen seinen Herrn anfiel, so wie er überzeugt war, daß der alte Doktor Trabacchio selbst im Gefängnis ihm wie der leibhaftige Satan erschien und verlocken wollte zum bösen Beginnen. Nun sah er erst recht ein, in welch großer Gefahr er geschwebt hatte seit der Zeit, als Trabacchio in sein Haus getreten; wiewohl er noch immer nicht begreifen konnte, warum es denn der Verruchte so ganz und gar auf ihn und sein Weib gemünzt hatte, da der Vorteil, den er aus seinem Aufenthalt in dem Jägerhause zog, nicht so bedeutend sein konnte.

Andres befand sich nach den entsetzlichen Stürmen nun in ruhiger glücklicher Lage, allein zu erschütternd hatten jene Stürme getobt, um nicht in seinem ganzen Leben dumpf nachzuhallen. Außer dem, daß Andres, sonst ein starker kräftiger Mann, durch den Gram, durch das lange Gefängnis, ja durch den unsäglichen Schmerz der Tortur körperlich zugrunde gerichtet, siech und krank daherschwankte und kaum noch die Jagd treiben konnte, so welkte auch Giorgina, deren südliche Natur von dem Grame, von der Angst, von dem Entsetzen wie von brennender Glut aufgezehrt wurde, zusehends hin. Keine Hülfe war für sie mehr vorhanden, sie starb wenige Monate nach ihres Mannes Rückkehr.

Andres wollte verzweifeln, und nur der wunderschöne kluge Knabe, der Mutter getreues Ebenbild, vermochte ihn zu trösten. Um dieses willen tat er alles, sein Leben zu erhalten und sich soviel als möglich zu kräftigen, so daß er nach Verlauf von beinahe zwei Jahren wohl an Gesundheit zugenommen und manchen lustigen Jägergang in den Forst unternehmen konnte. – Der Prozeß wider den Trabacchio hatte endlich sein Ende erreicht, und er war, so wie vor alter Zeit sein Vater, zum Tode durchs Feuer verdammt worden, den er in weniger Zeit erleiden sollte.

Andres kam eines Tages, als die Abenddämmerung schon eingebrochen, mit seinem Knaben aus dem Forst zurück; schon war er dem Schlosse nahe, als er ein klägliches Gewimmer vernahm, das aus dem ihm nahen ausgetrockneten Feldgraben zu kommen schien. Er eilte näher und erblickte einen Menschen, der, in elende schmutzige Lumpen gehüllt, im Graben lag und unter großen Schmerzen den Geist aufgeben zu wollen schien. Andres warf Flinte und Büchsensack ab und zog mit Mühe den Unglücklichen heraus; aber als er nun dem Menschen ins Gesicht blickte, erkannte er mit Entsetzen den Trabacchio. Zurückschaudernd ließ er von ihm ab; aber da wimmerte Trabacchio dumpf. „Andres, Andres, bist du es? um der Barmherzigkeit Gottes willen, der ich meine Seele empfohlen, habe Mitleid mit mir! Wenn du mich rettest, rettest du eine Seele von ewiger Verdammnis; denn bald ereilt mich ja der Tod, und noch nicht vollendet ist meine Buße!" – „Verdammter Heuchler", schrie Andres auf, „Mörder meines Kindes, meines Weibes, hat dich nicht der Satan wieder hergeführt, damit du mich vielleicht noch verderbest? Ich habe mit dir nichts zu schaffen. Stirb und vermodere wie ein Aas, Verruchter!" Andres wollte ihn zurückstoßen in den Graben; da heulte Trabacchio in wildem Jammer: „Andres! du rettest den Vater deines Weibes, deiner Giorgina, die für mich betet am Throne des Höchsten!" Andres schauderte zusammen; mit Giorginas Namen fühlte er sich von schmerzlicher Wehmut ergriffen. Mitleid mit dem Mörder seiner Ruhe, seines Glücks durchdrang ihn, er faßte den Trabacchio, lud ihn mit Mühe auf und trug ihn nach seiner Wohnung, wo er ihn mit stärkenden Mitteln erquickte. Bald erwachte Trabacchio aus der Ohnmacht, in die er versunken.

In der Nacht vor der Hinrichtung ergriff den Trabacchio die entsetzlichste Todesangst; er war überzeugt, daß ihn nichts mehr von der namenlosen Marter des Feuertodes retten würde. Da faßte und rüttelte er in wahnsinniger Verzweiflung die Eisenstäbe des Gitterfensters, und zerbröckelt blieben sie in seinen Händen. Ein Strahl der Hoffnung fiel in seine Seele. Man hatte ihn in einen Turm dicht neben dem trocknen Stadtgraben gesperrt; er schaute in die Tiefe, und der Entschluß, sich hinabzustürzen und so sich zu retten oder zu sterben, war auf der Stelle gefaßt. Der Ketten hatte er sich bald mit geringer Anstrengung entledigt. Als er sich hinauswarf, vergingen ihm die Sinne, er erwachte, als die Sonne hell strahlte. Da sah er, wie er zwischen Strauchwerk in hohes Gras gefallen, aber an allen Gliedern verstaucht und verrenkt, vermochte er sich nicht zu regen und zu rühren. Schmeißfliegen und anderes Ungeziefer setzten sich auf seinen halbnackten Körper und stachen und leckten sein Blut, ohne daß er sie abwehren konnte. So brachte er einen martervollen Tag hin. Erst des Nachts gelang es ihm, weiterzukriechen, und er war glücklich genug, an eine Stelle zu kommen, wo sich etwas Regenwasser gesammelt hatte, welches er begierig einschlürfte. Er fühlte sich gestärkt und vermochte mühsam hinanzuklimmen und sich fortzuschleichen, bis er den Forst erreichte, der unfern von Fulda anhob und sich beinahe bis an das Vachsche Schloß erstreckte. So war er bis in die Gegend gekommen, wo ihn Andres mit dem Tode ringend fand. Die entsetzliche Anstrengung der letzten Kraft hatte ihn ganz erschöpft, und wenige Minuten später hätte ihn Andres sicherlich tot gefunden. Ohne daran zu denken, was künftig mit dem Trabacchio, der der Obrigkeit entflohen, werden sollte, brachte ihn Andres in ein einsames Zimmer und pflegte ihn auf alle nur mögliche Weise, aber so behutsam ging er dabei zu Werke, daß niemand die Anwesenheit des Fremden ahnte; denn selbst der Knabe, gewohnt, dem Vater blindlings zu gehorchen, verschwieg getreulich das Geheimnis. Andres frug nun den Trabacchio, ob er denn gewiß und wahrhaftig Giorginas Vater sei. „Allerdings bin ich das", erwiderte Trabacchio. „In der Gegend von Neapel entführte ich einst ein bildschönes Mädchen, die mir eine Tochter gebar. Nun weißt du schon, Andres, daß eines der größten Kunststücke meines Vaters die Bereitung jenes köstlichen wundersamen Liquors war, wozu das Hauptingredienz das Herzblut von Kindern ist, die neun Wochen, neun Monate oder neun Jahre alt und von den Eltern dem Laboranten freiwillig anvertraut sein müssen. Je näher die Kinder mit dem Laboranten in Beziehung stehen, desto wirkungsvoller entsteht aus ihrem Herzblut Lebenskraft, stete Verjüngung, ja selbst die Bereitung des künstlichen Goldes. Deshalb schlachtete mein Vater seine Kinder, und ich war froh, das Töchterlein, das mir mein Weib geboren, auf solche verruchte Weise höheren Zwecken opfern zu können. Noch kann ich nicht begreifen, auf welche Weise mein Weib die böse Absicht ahnte; aber sie war vor Ablauf der neunten Woche verschwunden, und erst nach mehrern Jahren erfuhr ich, daß sie in Neapel gestorben sei und ihre Tochter Giorgina bei einem grämlichen geizhalsigen Gastwirt erzogen würde. Ebenso wurde mir ihre Verheiratung mit dir und dein Aufenthalt bekannt. Nun kannst du dir erklären, Andres, warum ich deinem Weibe gewogen war und warum ich, ganz erfüllt von meinen verruchten Teufelskünsten, deinen Kindern so nachstellte. – Aber dir, Andres, dir allein und deiner wunderbaren Rettung durch Gottes Allmacht verdanke ich meine tiefe Reue, meine innere Zerknirschung. Übrigens ist das Kistchen mit Kleinodien, das ich deinem Weibe gab, dasjenige, welches ich auf des Vaters Geheiß aus den Flammen rettete, du kannst es getrost aufbewahren für deinen Knaben." – „Das Kistchen", fiel Andres ein, „hat Euch ja Giorgina wiedergegeben an jenem schrecklichen Tage, da Ihr den gräßlichen Mord verübtet?"

„Allerdings", erwiderte Trabacchio; „allein ohne daß es Giorgina wußte, kam es wieder in Euern Besitz. Seht nur nach in der großen schwarzen Truhe, die in Euerm Hausflur steht, da werdet Ihr das Kistchen auf dem Boden finden." Andres suchte in der Truhe und fand das Kistchen wirklich ganz in dem Zustande wieder, wie er es damals zum erstenmal von Trabacchio in Verwahrung erhalten.

Andres fühlte in sich unheimlichen Unmut, ja er konnte sich des Wunsches nicht erwehren, daß Trabacchio tot gewesen sein möge, als er ihn im Graben fand. Freilich schien Trabacchios Reue und Buße wahrhaft zu sein; denn ohne seine Klause zu verlassen, brachte er seine Zeit nur damit hin, in andächtigen Büchern zu lesen, und seine einzige Ergötzlichkeit war die Unterhaltung mit dem kleinen Georg, den er über alles zu lieben schien. Andres beschloß indessen, doch auf seiner Hut zu sein, und eröffnete bei erster Gelegenheit das ganze Geheimnis dem Grafen von Vach, der über das seltene Spiel des Schicksals nicht wenig verwundert war. So vergingen einige Monate, der Spätherbst war eingetreten und Andres mehr auf der Jagd als sonst. Der Kleine blieb gewöhnlich bei dem Großvater und einem alten Jäger, der um das Geheimnis wußte. Eines Abends war Andres von der Jagd zurückgekehrt, als der alte Jäger hineintrat und nach seiner treuherzigen Weise anfing: „Herr, Ihr habt einen bösen Kumpan im Hause. Zu dem kommt der Gottseibeiuns! durchs Fenster und geht wieder ab in Rauch und Dampf." Dem Andres wurde es bei dieser Rede zumut, als hätt ihn ein Blitzstrahl getroffen. Er wußte nur zu genau, was das zu bedeuten hatte, als ihm der alte Jäger weiter erzählte, wie er schon mehrere Tage hintereinander in später Abenddämmerung in Trabacchios Zimmer seltsame Stimmen gehört, die wie im Zank durcheinander geplappert, und heute zum zweitenmal habe es ihm, indem er Trabacchios Türe schnell geöffnet, geschienen, als rausche eine Gestalt im roten goldverbrämten Mantel zum Fenster hinaus. In vollem Zorn eilte Andres herauf zum Trabacchio, hielt ihm vor, was sein Jäger ausgesagt, und kündigte ihm an, daß er sich's gefallen lassen müsse, ins Schloßgefängnis gesperrt zu werden, wenn er nicht allen bösen Tritten entsage. Trabacchio blieb ruhig und erwiderte im wehmütigen Ton: „Ach, lieber Andres! nur zu wahr ist es, daß mein Vater, dessen Stündlein noch immer nicht gekommen, mich auf unerhörte Weise peinigt und quält. Er will, daß ich mich ihm wieder zuwende und der Frömmigkeit, dem Heil meiner Seele entsage, allein, ich bin standhaft geblieben und glaube nicht, daß er wiederkehren wird, da er gesehen, daß er nicht mehr über mich Macht hat. Bleibe ruhig, lieber Sohn Andres! und laß mich bei dir als ein frommer Christ, versöhnt mit Gott, sterben!" In der Tat schien auch die feindliche Gestalt auszubleiben, indessen war es, als würden Trabacchios Augen wieder glühender, er lächelte zuweilen so seltsam höhnisch wie sonst. Während der Betstunde, die Andres jeden Abend mit ihm zu halten pflegte, schien er oft krampfhaft zu erzittern; zuweilen strich eine seltsam pfeifende Zugluft durch das Zimmer, welche die Blätter der Gebetbücher raschelnd umschlug, ja die Bücher selbst dem Andres aus den Händen warf. „Gottloser Trabacchio, verruchter Satan! Du bist es, der hier höllischen Spuk treibt! Was willst du von mir? Hebe dich weg, denn du hast keine Macht über mich! – hebe dich weg!" – So rief Andres mit starker Stimme! Da lachte es höhnisch durch das Zimmer hin und schlug wie mit schwarzen Fittichen an das Fenster. Und doch war es nur der Regen, der an das Fenster geschlagen, und der Herbstwind, der durch das Zimmer geheult, wie Trabacchio meinte, als das Unwesen wieder einmal recht arg war und Georg vor Angst weinte.

„Nein", rief Andres, „Euer gottloser Vater könnte hier nicht so herumspuken, wenn Ihr aller und jeder Gemeinschaft mit ihm entsagt hättet. Ihr müßt fort von mir. Eure

Wohnung ist Euch längst bereitet. Ihr müßt fort ins Schloßgefängnis; dort möget Ihr Euern Spuk treiben, wie Ihr wollt." Trabacchio weinte heftig, er bat um aller Heiligen willen, ihn im Hause zu dulden, und Georg, ohne zu begreifen, was das alles wohl bedeute, stimmte in seine Bitten ein. „So bleibt denn noch morgen hier", sagte Andres, „ich will sehen, wie es mit der Betstunde gehen wird, wenn ich heimkomme von der Jagd." Am andern Tage gab es herrliches Herbstwetter, und Andres versprach sich eine reiche Beute. Als er von dem Anstand zurückkehrte, war es ganz finster geworden. Er fühlte sich im innersten Gemüt besonders bewegt; seine merkwürdigen Schicksale, Giorginas Bild, sein ermordeter Knabe traten ihm so lebendig vor Augen, daß er, tief in sich gekehrt, immer langsamer und langsamer den Jägern nachschlenderte, bis er sich endlich unversehens auf einem Nebenwege allein im Forst befand. Im Begriff zurückzukehren in den breiten Waldweg, wurde er ein blendendes Licht gewahr, welches durch das dickste Gebüsch flackerte. Da ergriff ihn eine wunderbare verworrene Ahnung großer Greueltat, die verübt werde; er drang durch das Dickicht, er war dem Feuer nahe, da stand des alten Trabacchio Gestalt im goldverbrämten Mantel, den Stoßdegen an der Seite, den niedergekrempten Hut mit roter Feder auf dem Kopfe, das Arzneikistchen unterm Arm. Mit glühenden Augen blickte die Gestalt in das Feuer, das wie in rot und blau flammenden Schlangen unter einer Retorte hervorloderte. Vor dem Feuer lag Georg nackt ausgebreitet auf einer Art Rost, und der verruchte Sohn des satanischen Doktors hatte hoch das funkelnde Messer erhoben zum Todesstoß. Andres schrie auf vor Entsetzen; aber sowie der Mörder sich umblickte, sauste schon die Kugel aus Andres' Büchse, und Trabacchio stürzte mit zerschmettertem Gehirn über das Feuer hin, das im Augenblick erlosch. Die Gestalt des Doktors war verschwunden. Andres sprang hinzu, stieß den Leichnam beiseite, band den armen Georg los und trug ihn schnell fort bis ins Haus. Dem Knaben fehlte nichts; nur die Todesangst hatte ihn ohnmächtig gemacht. Den Andres trieb es heraus in den Wald, er wollte sich von Trabacchios Tode überzeugen und den Leichnam gleich verscharren; er weckte daher den alten Jäger, der in tiefen, wahrscheinlich von Trabacchio bewirkten Schlaf gesunken, und beide gingen mit Laterne, Hacke und Spaten an die nicht weit entlegene Stelle. Da lag der blutige Trabacchio; aber sowie Andres sich näherte, richtete er sich mit halbem Leibe auf, starrte ihn gräßlich an und röchelte dumpf: „Mörder! Mörder des Vaters deines

Weibes, aber meine Teufel sollen dich quälen!" – „Fahre zur Hölle, du satanischer Bösewicht", schrie Andres, der dem Entsetzen, das ihn übermannen wollte, widerstand; „fahre hin zur Hölle, du, der du den Tod hundertfältig verdient hast, dem ich den Tod gab, weil er verruchten Mord an meinem Kinde, an dem Kinde seiner Tochter verüben wollte! Du hast nur Buße und Frömmigkeit geheuchelt um schändlichen Verrats willen, aber nun bereitet der Satan manche Qual deiner Seele, die du ihm verkauft." Da sank Trabacchio heulend zurück, und immer dumpfer und dumpfer wimmernd, gab er seinen Geist auf. Nun gruben die beiden Männer ein tiefes Loch, in das sie Trabacchios Körper warfen. „Sein Blut komme nicht über mich!" sprach Andres, „aber ich konnte nicht anders, ich war dazu ausersehen von Gott, meinen Georg zu retten und hundertfältige Frevel zu rächen. Doch will ich für seine Seele beten und ein kleines Kreuz auf sein Grab stellen." Als andern Tages Andres dieses Vorhaben ausfahren wollte, fand er die Erde aufgewühlt, der Leichnam war verschwunden. Ob das nun von wilden Tieren oder wie sonst bewirkt, blieb in Zweifel. Andres ging mit seinem Knaben und dem alten Jäger zum Grafen von Vach und berichtete treulich die ganze Begebenheit. Der Graf von Vach billigte die Tat des Andres, der zur Rettung seines Sohnes einen Räuber und Mörder niedergestreckt hatte, und ließ den ganzen Verlauf der Sache niederschreiben und im Archiv des Schlosses aufbewahren.

Die schreckliche Begebenheit hatte den Andres tief im Innersten erschüttert, und wohl mochte er sich deshalb, wenn die Nacht eingebrochen, schlaflos auf dem Lager wälzen. Aber wenn er so zwischen Wachen und Träumen hinbrütete, da hörte er es im Zimmer knistern und rauschen, und ein roter Schein fuhr hindurch und verschwand wieder. Sowie er anfing zu horchen und zu schauen, da murmelte es dumpf: „Nun bist du Meister – du hast den Schatz – du hast den Schatz – gebeut über die Kraft, sie ist dein!" – Dem Andres war es, als wolle ein unbekanntes Gefühl ganz eigner Wohlbehaglichkeit und Lebenslust in ihm aufgehen; aber sowie die Morgenröte durch die Fenster brach, da ermannte sich Andres und betete, wie er es zu tun gewohnt, kräftig und inbrünstig zu dem

Herrn, der seine Seele erleuchtete. „Ich weiß, was nun noch meines Amts und Berufs ist, um den Versucher zu bannen und die Sünde abzuwenden von meinem Hause!" – So sprach Andres, nahm Trabacchios Kistchen und warf es, ohne es zu öffnen, in eine tiefe Bergschlucht. Nun genoß Andres eines ruhigen heitern Alters, das keine feindliche Macht zu zerstören vermochte.